PARKING THE BUS

109 ideas para repensar cómo DEFENDER y ATACAR un bloque bajo

GERMÁN CASTAÑOS

Parking the bus / Germán Castaños - 1a ed. - LIBROFUTBOL.com, 2020.
222 páginas; 15,2 x 22,9 cm.

ISBN 978-987-3979-99-6

1. Fútbol. I. Título.
CDD 796.334

PARKING THE BUS
de Germán Castaños

Diseño de cubierta: Luciano Medvetkin
Maquetación: Luciano Medvetkin
Foto del autor: © Germán Castaños

LIBROFUTBOL.com
Olga Cossettini 1112 - oficina 8F - Ciudad de Buenos Aires -
Argentina
ediciones@librofutbol.com - whatsapp +54 9 11 2215 1982

1ª edición: junio 2020

ISBN 978-987-3979-99-6

CONTENIDO

Capítulo 3

Ataque. 127

PRÓLOGO DE RICARDO RODRÍGUEZ

Conocí a Germán Castaños gracias a su libro *Guardiola ladrón de ideas*. No era sencillo conseguir el libro en Japón y me lo trajeron desde Argentina gracias a las gestiones de Facundo Peralta, Preparador Físico que había conocido en México cuando yo trabajaba para el Real Madrid y él ejercía como recuperador de la Selección Mexicana de Ricardo La Volpe en el año 2006. El fútbol nos volvió a unir cuando en el año 2018 nos enfrentamos en Japón.

El libro me pareció muy interesante. Un libro diferente que trataba aspectos novedosos que llamaron mi atención. Después de unos días, contactamos y trabajamos unos meses de forma intensiva aspectos de la creatividad e innovación en el fútbol. Gracias a esa interacción con Germán, mi forma de pensar sobre varios aspectos fue mucho más amplia y rica. Durante este tiempo hablamos, compartimos, interaccionamos y debatimos muchos aspectos relacionados con el juego, el liderazgo, la gestión de personas, la formación, la metodología, la creatividad, el pensamiento disruptivo y muchos aspectos más. Decidí trabajar con Germán, porque considero que cuanto más tiempo pasa un entrenador en un club, más necesitamos fomentar la creatividad y la innovación en nuestra labor como entrenadores. En ese momento, en el cual ya llevaba dos años como entrenador en Tokushima Vortis, en mi curiosidad por seguir mejorando como en-

trenador, sabía que trabajar aspectos de innovación y creatividad iba a ser algo positivo que seguro me abriría la mente a nuevas posibilidades y formas de desarrollar mi labor. En estos momentos inicio mi cuarta temporada en Tokushima Vortis y ese proceso compartido con Germán ha sido, y es, de gran utilidad en el día a día.

Mi idea como entrenador pasa por intentar que mis equipos puedan dominar el máximo tiempo posible el partido, ser protagonistas, tener el balón con la intención de hacer daño al rival, presionar lo más alto posible y someter al rival en su propio campo con la intención de conseguir el mayor número posible de ocasiones de gol que nos hagan conseguir la victoria.

Entre esos muchos aspectos estaba el asunto principal de este libro y que para mi idea futbolística era clave. ¿Cómo atacar a un equipo que defiende en bloque bajo?. Llegué a Tokushima Vortis en el año 2017 y desde las primeras conversaciones con el club, el hecho de firmar jugadores para desarrollar esta idea futbolística y resolver ese problema táctico fueron las prioridades en nuestra planificación deportiva.

En el libro que usted está a punto de leer, Germán trata este asunto desde una perspectiva no solamente ofensiva, sino también defensiva y estratégica. Siempre con un punto de disrupción que estoy seguro que va a suscitar ideas en los entrenadores, como así también disparadores de nuevos pensamientos, preguntas, cuestionamientos y replanteamientos que hacen de este libro una lectura obligada, no solo para entrenadores sino también para jugadores que quieran profundizar en este aspecto del juego. Lo hace aportando su experiencia y conocimientos como entrenador de balonmano, desde donde nos aporta conceptos relevantes aplicables al fútbol.

Creo que es un libro para leer más de una vez y que estoy seguro que llevará al lector a pensar en sus equipos, jugadores, futuros equipos, nuevas soluciones y otras formas de hacer las cosas, ya que siempre aparece algún matiz que no le dejará indiferente. Al menos a mí eso me ha sucedido.

Ricardo Rodríguez
Head Coach
Tokushima Vortis Japón

PRÓLOGO DE LEO RAMOS

Normalmente es un gran error decir que saber defenderse es ser defensivo. Se ha dado en muchas ocasiones ver equipos que ante el embate rival retroceden a su zona más cercana a la portería, poblando (muchas veces) sin sentido y sin un orden específico para defender y cómo defender, por lo que terminan perdiendo tal partido. La opinión de todos los que ven ese movimiento es: "¡Pero si descendió todo el equipo a defender e igualmente perdimos o resignamos algún punto!".

Saber defenderse es todo un tema, más que un tema es un arte. Un arte que se entrena, se habla, se ordena y es una herramienta de la cual todo equipo campeón se jacta. Sobre esto quiero contar una anécdota personal que luego terminó ocurriendo en el arribo de nuestro cuerpo técnico al club Danubio Fútbol Club de Montevideo Uruguay. Resulta que luego de varios entrenamientos se acerca un dirigente, el Cholo Silva y me dice: "Me gusta como entrenas tácticamente para saber defenderse porque la gente está equivocada sobre los equipos campeones. Todos se creen o piensan que ser el equipo más goleador es el campeón y es todo lo contrario, el campeón es el que menos goles le hacen".

Puedo decir desde ese momento que se ha hecho realidad esto que quedó grabado a fuego en mí y en el cuerpo técnico. Ese torneo fuimos campeones siendo el equipo más

goleador y el equipo menos goleado. Y siguió en nuestra cabeza, ya que cuando nos tocó dirigir a Peñarol volvimos a tener la portería menos vencida y el equipo más goleador para otra vez ser campeones. Con esto quiero afirmar que es hermoso tener posesión de balón, jugadores fantásticos para manejar los hilos y los momentos de cuándo atacar, cuándo lograr transiciones visualmente hermosas en velocidad en infinidad de momentos en los partidos, pero irremediablemente terminamos hablando de lo mismo, si no sabes defenderte todo esto que hablamos es irrelevante.

Y también hay otro punto, hay equipos que por su forma de defender deberían ser campeones todos los años y una cosa tiene que ir de la mano de otra: la vocación de defender, pero por sobre todas las cosas el amor, la virtud de la posesión y de la sumatoria de gente en la circulación de la pelota y el constante apetito de atacar.

El fútbol fue mutando durante estos años y fue apropiándose de tácticas de otros deportes, del básquetbol las cortinas, del balonmano la marca férrea y ordenada en su última zona. Creo personalmente qua hay un deporte que al fútbol puede serle muy útil y es el fútbol americano, del cual ante cada ataque hay un sin fin de jugadas y tácticas para romper esas defensas duras, de choque, de abundante esfuerzo físico y del cual hay mucho por aprender. Y ahí entra en cómo romper la espalda de una defensa bien posicionada ante tanto estudio, por eso digo que los otros deportes pueden enseñar mucho. El tema que estamos debatiendo se trata de la importancia del cómo saber defenderse, ya que luego del último Mundial se ha hablado mucho sobre la involución del fútbol, porque hubieron muchos partidos en los cuales varias selecciones utilizaron el "cómo saber defenderse". En fin, podríamos escribir y hablar infinitas horas sobre este tema. La realidad es que se necesita pensar y trabajar mucho para vulnerar una buena defensa. Para poder tener el balón indefectiblemente tienes que recuperar el balón y eso solo se logra con una buena defensa.

Agradecer profundamente a Germán por hacerme ser parte de este libro, el cual seguramente será de mucha ayuda (más allá de la lectura)para entrenadores amantes de este hermoso deporte. Ojalá lo disfruten porque es el gran objetivo de Germán. Gracias por dejarme ser parte de este gran libro.

Leonardo Ramos
Entrenador de Fútbol: Peñarol (URU), Barcelona (ECU), Al-Ettifaq (Arabia Saudita), Unión La Calera (CHI), Danubio (URU)

INTRODUCCIÓN

Sentí una profunda curiosidad e inquietud luego de presenciar perplejo como Argentina no podía vencer a Islandia y como España no podía con Rusia en pleno Mundial 2018. Como ambos equipos, repletos de talento (Messi, Isco, Agüero, Busquets, una lista infinita) y dotados potencialmente de expresar un gran fútbol, eran repelidos y frustrados una y otra vez por sus rivales. Ambos equipos habían optado por defender en bloque bajo. En ese momento escribí un hilo en Twitter. Luego me tocó viajar por distintas ciudades de Latinoamérica para brindar seminarios de creatividad e innovación aplicada al fútbol y allí le dediqué algunos bloques especiales. Pero nada me conformaba. Aun así me sentía insatisfecho. Muy insatisfecho. Debía abordar con mayor profundidad el tema, hacerme más preguntas, encontrarme con más respuestas, entender más, inventar mejor. Así empezó la necesidad de escribir *Parking the bus* (un título que me llevó mucho tiempo poder encontrar).

Si el fútbol fuese un ajedrez, pareciese que un equipo está teniendo en jaque al otro equipo: se le canta muchas veces "jaque", bastante menos "jaque mate" y muchas tantas terminan en "tablas" (como ocurrió con Argentina-Islandia y España-Rusia). Y otras veces, el jaque termina siendo de quien lo estaba "sufriendo".

Gian Pedro Gasperini, entrenador de Atalanta de Italia confesó en una conferencia una de sus máximas: "Saber

defender seguramente te haga invencible, pero para vencer debes saber atacar".

Hoy nos topamos con equipos con estructuras defensivas muy sólidas (desde el bloque bajo) y que logran cierta invulnerabilidad a pesar de ser "dominados" a lo largo de todo un juego y quedar en porcentajes de posesión de un 30% o menos.

Hemos llegado a épocas donde defensivamente estamos cerca de la invulnerabilidad pero ofensivamente somos improductivos, siendo el segundo consecuencia del primero.

Pero ¿qué ocurre con aquellos equipos que dispusieron del balón un 70%? Si el talento individual no prospera suelen navegar en una repetición abusiva de movimientos que poco le aportan. Se les consume el tiempo en pases de circulación para que aparezca el bendito espacio que nunca aparece, o la resignación de finalizar con envíos en forma de centro al área.

En muchas ocasiones ocurre lo que Valdano esgrimió en uno de sus comentarios de partidos por TV: "El equipo que ataca está jugando muy bien al fútbol, pero la forma en que se defiende el oponente es una obra de arte".

En *Parking the bus* nos proponemos analizar lo que ocurre en el juego a partir de un equipo que decide defender bloque bajo (lo cual es cada vez más recurrente).

Nada de lo que se escribe acá pretende ser una fórmula infalible, nada puede ser considerado un mantra definitivo.

Este libro no pretender ser una receta, sino un gran *brainstorming* sobre el cual pensar y repensar de forma incesante lo que ocurre en el fútbol a partir de los repliegues profundos y las defensas compactas en poco espacio.

Cada vez que encuentres una afirmación debes jugar a imaginar a tu equipo haciendo ello. Cada vez que encuentres una pregunta debes preguntártelo también respecto de tu equipo. Esa es la mejor forma de leer este libro, en un proceso incesante de ir de los conceptos del papel a tu equipo y viceversa.

El famoso psicólogo Jean Piaget dijo: "El objetivo de la educación es crear personas capaces de hacer cosas nuevas y no solo repetir lo que otras generaciones hicieron". Si algún mérito tendrá este libro algún día será haber sido un "disparador de ideas", cuyo objetivo es poner a los entrenadores a pensar, cuestionarse, formularse hipótesis, desplegar ideas, ensayarlas en el campo de entrenamiento, someterlas a interpelación de sus jugadores y, finalmente, volcarlas al veredicto del juego en la competencia.

Y si algo de todo esto último ocurre, será un libro que habrá valido la pena ser libro.

CAPÍTULO 1

GENERALIDADES

1.1. "TODOS LOS EQUIPOS DE ALTO NIVEL DEBEN SABER DEFENDER BLOQUE BAJO"

¿Quién lo dijo? Mourinho.

A mí me gusta más: **"Todos los equipos del mundo deben saber defender y atacar bloque bajo"**.

Hago paráfrasis de Mourinho, porque puede no gustarte defender bloque bajo, pero puedes encontrarte bien a menudo teniendo que atacar uno. Esto es básicamente lo que suele ocurrirle a Pep Guardiola en Manchester City (y muy especialmente cada vez que juega de local).

Ya lo dijo **Van Gaal**: "La primera regla de cualquier esquema es conseguir la máxima amplitud con balón y **compactarse sin él**". Hay quienes se compactan hacia delante, hay quienes se compactan a mitad de camino y hay quienes se compactan hacia atrás. Este libro va dedicado a los que se compactan de esta última forma o a quienes atacan defensas compactadas en esta forma.

1.2. Tendencias

En Marca le preguntaron al entrenador **Massimiliano Allegri** hacia dónde va el fútbol actual: "Lo primero que estoy viendo es que los jugadores africanos están llevando el fútbol hacia el lado físico. La calidad sigue siendo importante, pero la tendencia está cambiando. La segunda es que **estamos presenciando un gran retorno de los contragolpes**".

Un contragolpe no puede darse sin dos variables: velocidad y espacio para desarrollarlo. La tendencia del contragolpe, tal cual dice acertadamente Allegri, también es consecuencia de decisiones ofensivas estrechamente vinculadas a decisiones defensivas (el fútbol es un todo): cada vez más nos encontramos con juegos en los cuales los entrenadores, por distintas razones, utilizan las defensas zonales bien replegadas.

1.3. ¿Quién dijo que solo tú decides?

El bloque bajo es una decisión propia y a veces es una "decisión del rival". Cuando decido yo se trata de una decisión consciente (elijo defender bloque bajo). Cuando decide el rival se trata de una decisión inconsciente (el rival me lleva a defender bloque bajo). Lo mismo ocurre al revés: el rival puede elegir esa defensa replegada o nosotros podemos obligarlo a esa conformación defensiva.

Se entiende que si hay una elección consciente de este tipo de defensas, es una defensa probada, entrenada, coordinada. Ahora bien, ¿qué ocurre si es una decisión inconsciente ("el rival te obligó")? ¿Lo dejas al arbitrio de la suerte? ¿Lo dejas en manos del "esfuerzo colectivo" de tus jugadores? Recuerda que si lo dejas en manos del esfuerzo de tus jugadores y ellos no dominan las pautas coordinativas, les impondrás un mayor costo energético y mental para la misma tarea que alguien que si las domina.

Para el ataque es exactamente lo mismo. Puedes atacar un bloque bajo de forma consciente, sabiendo que con tu posesión tendrás "sometido" al equipo en su campo, o puedes tener que atacarlo porque el propio rival así ha decidido que sea. Si ocurre la primera opción, se entiende que ya tienes a tu equipo preparado con las armas para poder lastimarlo. Porque si no es así ¿para qué hacerlo? Pero ¿qué ocurre con la segunda opción? ¿Lo dejas al arbitrio de la mera inspiración de tus jugadores? ¿Lo dejas a expensas de que un error rival facilite el propio acierto?

En cualquiera de ambas opciones, elijas o no elijas, deberás saber defender bloque bajo. En cualquiera de ambas opciones, elijas o no elijas, deberás saber atacar bloque bajo.

Y aquí lo más interesante de todo: a veces no es una u otra. A veces son ambas consecutivamente. Un partido lleva dentro de sí cientos de partidos diferentes. Lo que en un momento del juego puede ser decisión (defensiva), en el otro puede ser imposición. Lo que en un momento del juego puede ser decisión (ofensiva), en el otro puede resultar producto de una facilitación del rival.

1.4. Marcelo Gallardo y el bloque bajo

El entrenador de River Plate dijo: "Nosotros somos un equipo y tenemos dos formas de jugar. Somos un equipo que juega con la posesión de la pelota porque los rivales nos la ceden, sobre todo en el estadio de River, y nosotros tenemos que encontrar los caminos. Y a veces no es fácil encontrar los caminos cuando los rivales te someten a tener que tener la pelota y no te dan espacios. Después, somos otro equipo cuando recuperamos la pelota en campo nuestro. Ahí no necesitamos pausa, necesitamos atacarlo. Y también hemos sido peligrosos. Hemos sido más peligrosos".

Noten la frase: "los rivales te **someten** a tener que tener la pelota". **Gallardo** parece reconocer consciente o inconscien-

temente (o una mezcla de ambas) una mayor dificultad para atacar una defensa replegada por sobre una defensa abierta y un mayor nivel de peligrosidad de su equipo en esta última fase que en la primera.

1.5. Marcelo Bielsa y el bloque bajo

En una conferencia de prensa con el Leeds United dijo: "Un equipo que defiende en su propio campo reduce mucho los espacios. Cuando los espacios se reducen, los ofensivos tienen menos tendencia a desmarcar. Cuando hay espacios libres la tendencia natural del jugador es ir hacia ellos. Cuando hay espacios superpoblados, con mucha población defensiva, la tendencia es cerrar y descender a pedir la pelota, que es lo peor que se puede hacer".

Anteriormente, en una conferencia de prensa con Olympique de Marsella, sobre cómo iba a plantear el partido frente a un bloque bajo, dijo: "Un camino sería hacer lo mismo (que el rival): jugar en nuestro campo, poner en cada posición al jugador más defensivo posible, jugar por alto, captar rebotes y convertir el partido en una batalla donde lo más importante es quitarle la pelota al rival, pero para volver a dársela, porque el equipo debería prepararse únicamente para recuperarla. Jugar al contraataque, reducir los espacios para defender y ampliar los espacios para atacar. **Ese es el único camino que existe como antídoto.** A mí, como a cualquier entrenador, me gusta defender en espacios reducidos y atacar en espacios amplios, pero cuando uno observa el fútbol con grandeza e interpreta el equipo que dirige, y sobre todo cuando tiene mejores jugadores que los demás, está, desde mi punto de vista, obligado a una actitud más generosa y más vinculada con la belleza del juego, por lo que seguiremos intentando mejorar nuestra capacidad para defender en espacios amplios y para atacar en espacios reducidos. Eso es lo que hacen todos los equipos grandes del mundo, porque para hacer lo contrario, hay que tener enfrente un equipo generoso y eso no sucede".

Luego, **Bielsa** hace una descripción de lo que le ocurrió en un partido: "Mire, ahí tiene un ejemplo. En el primer tiempo contra Niza nosotros jugamos bastante bien, bastante mejor que el rival y pudimos establecer una diferencia en el marcador que finalmente no conseguimos. El rival trató de impedir que nosotros iniciásemos el juego desde atrás, es decir, empezó a defender en nuestro campo. Esa actitud del rival permitió desplegar nuestro mejor juego. En el segundo tiempo, como convirtieron rápidamente y jugaron con un hombre menos, defendieron nueve jugadores en los últimos treinta metros del campo. Eso hizo que jugáramos peor".

Solo se me ocurre agregar una cosa. Y ni siquiera es pensamiento mío, sino del filósofo Antonio Gramsci. Él solía hablar del **concepto de interregno**. Básicamente consiste en que las formas tradicionales de hacer las cosas ya no funcionan como antes, pero aún no hemos encontrado la nueva forma de hacerlo funcionar. Estimo y asumo el riesgo de la equivocación absoluta, que por esa razón Bielsa insiste con una fórmula que él mismo está sugiriendo que no es la más adecuada para contrarrestar ese tipo de defensas, porque él dice que el único antídoto es jugar de la misma forma en que juegan los equipos de bloque bajo.

Probablemente, nos lleve algún tiempo encontrar un nuevo antídoto y el interregno sea más o menos extenso. Pero hay algo que es seguro: lo vamos a encontrar. ¿Por qué estoy tan seguro? Porque hoy, un entrenador puede acceder en un día a más información y conocimiento del que podía acceder un entrenador de 1920 en toda su vida. Además, existe el debate de la información y el conocimiento a través de redes sociales, foros, webinars y congresos online. Yo mismo me encuentro debatiendo conocimiento e información con clientes entrenadores en donde hay hasta 12 horas de diferencia horaria y ubicados en un extremo del mundo cada uno. Estamos conectados todos con todos.

1.6. Escuchando a Rafa Nadal

El tenista español **Rafa Nadal**, a propósito de cambios, evoluciones e innovación en su preparación y en su juego, dijo una vez: "Para ganar como siempre no podía hacer lo de siempre".

Si quieres que tu bloque bajo sea efectivo (¿es efectivo?) como siempre no puedes seguir haciendo lo de siempre.

Si quieres seguir atacando un bloque bajo con éxito (¿es exitoso?) no puedes seguir haciendo lo de siempre.

1.7. El error de atribución

Fred Kofman, en "La revolución del sentido", discurre acerca del **error de atribución**: "Es un prejuicio psicológico que nos hace juzgarnos a nosotros mismos con mucha más benevolencia que cuando juzgamos a los demás".

Lo que dice es que hay una racionalización para explicar lo que hacemos (siempre existe un buen motivo), "pero cuando los demás hacen algo que parece contradecir los valores proclamados, afirmamos duramente que están equivocados, que son estúpidos, perversos y, en casos extremos, malvados".

¿Qué tiene que ver esto con el fútbol? Todo. Cuando los fanáticos del juego de posesión critican el bloque bajo con frases del estilo "no quisieron jugar" y otras, claramente están cayendo en un error de atribución. Exactamente lo mismo ocurre cuando desde la otra vereda critican el juego de posesión como un juego idealista y poco pragmático.

"No quisieron jugar", puede ser interpretado como un análisis del juego pero también puede ser leído como una excusa. También puede ser un **"no supimos jugarles a quienes nos supieron jugar"**. La variabilidad táctica evita los errores de atribución. **El fútbol es como las matemáticas, si el partido pide dividir no puedes decirle que solo sabes sumar.** El fútbol es como las matemáticas. Sin las ABP, tiene cuatro momentos: la defensa y el ataque organizado y las transiciones defensivas y ofensivas. Sin las operaciones complejas, la matemática también tiene cuatro "momentos": momentos donde es necesario sumar, otros restar, multiplicar o dividir. Como en el fútbol, debes dominar todos.

¿Qué ocurre con el error de atribución? Te ciegas hacia ideas que claramente pueden mejorar tus ideas. Profundizar sobre bloque bajo hará mejor a los entrenadores amantes del bloque bajo, pero también hará mejor a los entrenadores que detestan el bloque bajo (pero que se ven obligados a interactuar con él en la competencia).

Entendiendo más en profundidad cómo funciona el bloque bajo puedes mejorar tu bloque bajo (también tus transiciones ofensivas).

Entendiendo más en profundidad cómo funciona el bloque bajo puedes mejorar tu juego de posición frente a un bloque bajo (también tus transiciones defensivas).

Al fin y al cabo, como leí alguna vez, no alcanza con "equipos de posesión" o "equipos de transición", porque estas no son características del fútbol sino momentos del juego. Ya lo dijo **Pep Guardiola**: "El debate sobre la posesión es absurdo. Todo el mundo sabe cuándo es que la posesión tiene un sentido. Tenemos el récord de posesión con el Manchester City en una Champions y al final perdimos 2-1 con Basilea. Esto es nada. Es cero. No sirve". Tiene razón Pep, la posesión (para la conservación del balón) en sí misma es solo uno de los **tres principios generales del juego de ataque** (el primer principio). Debe continuarse con la progresión hacia la portería contraria (el segundo principio), que frente a bloque bajo es muy facilitada y luego bien dificultada, y finalmente conseguir los goles (el tercer principio). El exjugador NBA y campeón olímpico **Pepe Sánchez** decía del básquet algo que pareciera que también aplica al fútbol: "Por más que el rival quiera bajar el nivel de posesiones, siempre gana el que quiere jugar más rápido. El juego es velocidad, tiradores,

spacing y posesiones más cortas. Los números reflejan cual es la forma más eficiente de atacar". No alcanza con poner el piso (posesión) si no pones las columnas (progresión). No alcanza con las columnas si no pones el techo (gol).

Portugal le gana la Liga de Naciones 2019 a Holanda haciendo un primer tiempo con una presión alta que impidió jugar con naturalidad a Holanda (combinado con defensas zonales en bloque medio, por ejemplo). Ante el adelantamiento de los holandeses, se aplicó a un bloque bajo que le permitió culminar el juego sin sufrir y contraatacar con alta posibilidad de daño. Es evidente aquí que su entrenador, **Fernando Santos,** no cae en el error de atribución.

Recordemos aquí las palabras de Bielsa: "El rival trató de impedir que nosotros iniciásemos el juego desde atrás, es decir, empezó a defender en nuestro campo. Esa actitud del rival permitió desplegar nuestro mejor juego. En el segundo tiempo, como convirtieron rápidamente y jugaron con un hombre menos, defendieron nueve jugadores en los últimos treinta metros del campo. Eso hizo que jugáramos peor". Es evidente aquí que **Claude Puel,** entrenador de Niza, no cayó en el error de atribución.

1.8. BLOQUE BAJO: LO SUFRO — LO DISFRUTO

Venezuela, en la Copa América 2019, se destacó por una defensa en bloque bajo que le dio excelentes frutos. Sin embargo, Perú le dio de probar su propia medicina.

Chelsea en Premier League hace sufrir a Liverpool (aunque finalmente termina venciendo), complicando su juego con un bloque bajo. Sin embargo, Liverpool lo utiliza por momentos en la final de Champions League frente a Tottenham (especialmente luego del resultado a favor).

Corea del Sur lo utiliza en la final del Mundial Sub 20. Sin embargo, en el mismo partido, lo sufre de Ucrania que termina ganando el juego con la fórmula bloque bajo más contraataque.

Puede gustarte o no gustarte, pero no puedes ignorarlo. Más tarde o más temprano, será imposible prescindir de él: en algún momento deberás atacarlo, en algún momento deberás defenderlo (por decisión propia o porque el rival te llevó a ello).

1.9. ¿CUÁNDO LOS ENTRENADORES DECIDEN JUGAR BLOQUE BAJO?

1)   Cuando consideran que su equipo es de menor valía que el rival y sienten que, en un juego mano a mano, serán fácilmente vulnerables (como todo en el fútbol, la linealidad no existe: en 2019 Juventus ha defendido bloque bajo frente a Cagliari, por ejemplo).

Esto en el futbol profesional está muy ligado a la capacidad de contratar los jugadores más "talentosos" y "desequilibrantes". Cuando no puedes contratarlos por cuestiones presupuestarias, se entiende que el equipo rival tiene más desequilibrio ofensivo. Un simple razonamiento deductivo te lleva a pensar: si no puedes competir en igualdad de condiciones en el plano ofensivo (por menos talento creativo), debes compensarlo siendo mejor en el plano defensivo. ¿A cuáles de los equipos se les presenta mayor bloque bajo? A los que tienen más billetera para contratar: ellos tienen mayor capacidad para dañarte y tú quieres evitar que te dañen.

2)   Cuando el resultado favorece y privilegia cuidar lo obtenido (además de esperar la oportunidad para hacer crecer esa ventaja). *Un comportamiento típico de la final del Mundial 2018. Francia, en ventaja 2-1, se ordena a partir de un bloque bajo y medio-bajo y desde ahí consigue una diferencia a 3-1 con un contraataque. El equipo se encontraba en un lateral jugando un 9x9 en espacios reducidos y **Mbappé** esperando en banda contraria con una vigilancia defensiva*

*en espacios amplios. Desde esa situación para contrataque, **Pogba** asiste entre líneas a Mbappé y Pogba mismo llega al área contraria para convertir el gol.*

3)   Cuando se encuentra en inferioridad numérica. *Inter en semifinales de Champions 2010 frente a Barcelona luego de la expulsión de **Thiago Motta** en el primer tiempo. **Milito** deja de ser el jugador descolgado y se integra a la primera línea del bloque defensivo, ocupando espacio por derecha y pasando **Eto'o** a banda izquierda. Jugó el bloque bajo básicamente con tres opciones: a) 4-1-4 donde el 1 era **Cambiasso**. B) 5-4 donde Cambiasso se integraba a la línea defensiva. C) 4-4-1 donde **Sneijder** quedaba como 1.*

4)   Cuando en eliminatoria a dos partidos, el primero toca de visitante y quieres traer, de mínima, un empate para la vuelta.

5)   Cuando en eliminatoria a dos partidos, ganas el primero de local y quieres apoyarte en ese triunfo (y en la necesidad del rival de "salir a buscarlo") en el partido de vuelta.

6)   Cuando el equipo rival tiene defensores caracterizados por cierta incapacidad técnica (se les entrega a ellos el rol principal de iniciadores en la construcción del juego).

7)   Cuando el equipo rival es perezoso para las transiciones defensivas.

8)   Cuando el equipo rival tiene defensores lentos y el equipo propio tiene delanteros veloces.

9)   Cuando llevas algunas derrotas seguidas por varios goles y es necesario empezar a recuperar confianza de a poco.

1.10. El bloque bajo como herramienta ¿Vale la pena ser ignorado? El caso River-Flamengo

Soy un convencido que River Plate pudo haber ganado la Copa Libertadores 2019 ante Flamengo de Brasil de haber utilizado el bloque bajo en dos situaciones bien diferentes:

1) **Como estrategia proactiva** (desde el inicio del mismo, pensada y elaborada con anterioridad), combinando la presión intensa con períodos de "descanso y calma" (para regular energías y que estas alcancen hasta el final del juego).

2) **Como estrategia reactiva** (instintiva o planificada), especialmente en los últimos quince minutos del juego buscando cuidar lo obtenido.

Repetiré de forma textual lo que escribí en Twitter (@innovafutbol) a las pocas horas de terminado el partido y luego incorporaré algunas ideas complementarias.

[HILO] "River se quedó sin combustible" (un análisis ecléctico). Lo escuché cien veces. Lo leí mil. El mensaje fácil. El mensaje rápido. Es cierto. Es mentira. Utilizaré siete miradas diferentes, la que me da cada una de mis profesiones pasadas o presentes.

1) Como anterior Preparador Físico de fútbol sería una aberración pensar que "River estuvo mal físicamente", como escuché por ahí. Al revés. River está muy bien físicamente. Sus jugadores sostuvieron de forma ininterrumpida esfuerzos de máxima intensidad, viciando su sangre de lactato. Ustedes dirán: "pero a los 75 minutos se quedó sin combustible". Gran verdad sí. Pero también gran mentira. River no se quedó sin combustible. River eligió quedarse sin combustible. Los jugadores jamás administraron esfuerzos. Los jugadores se VACIARON sin ningún tipo de especulación.

2) Como especialista en creatividad e innovación, estoy convencido que la identidad, el respeto a una idea: no es sinónimo de inmovilidad de ideas. Es decir, son necesarias

ideas secundarias para hacer mejor a la idea madre, aquella que nos convoca y nos aglutina. La genialidad del planteo de juego (la idea madre, la identidad), porque fue genial, necesitó ser acompañada de un pensamiento flexible que la apuntale. Si uno elige NO CAMBIAR debe estar en permanente provisión de nuevos matices (ideas) que refresquen y oxigenen la idea original.

3)   Como profesor de Educación Física, aportar solo una frase, de las más sabias que nos dejaron nuestros maestros: "Hay que matar al juego antes que muera". En la clase se percibe, se siente cuando el juego comienza a decaer, cuando lo genial va perdiendo su brillo. Perdiendo el brillo finalmente se opaca. El alumno pasa de querer pedirlo cada clase a no quererlo jugar más. El límite de postergación es muy finito. Si no se puede refrescar, el juego (en este caso la táctica) hay que "matarlo" para iniciar un nuevo juego (una nueva táctica).

4)   Como entrenador de Balonmano, contar una anécdota que puede ser útil. Una vez nos tocó jugar una competición argentina contra un equipo que venía de ser tercero en Sudamérica. Sabía que era un rival difícil. También lo sabían mis compañeros de cuerpo técnico y mis jugadores. Decidimos jugar el partido "de igual a igual". La gloria no admite escamoteos de ideas ni de esfuerzos. Pero no podíamos jugar de igual a igual todo el juego de forma ininterrumpida. Sería suicidio. Entonces, decidimos que cada 8 minutos el juego debería sufrir un apagón de 2. Dormirlo. La forma elegante era reemplazar defensas abiertas por defensas cerradas y cancelar las transiciones innecesarias. También otros trucos secundarios. El partido finalmente se pierde por uno en los últimos segundos. Si, ¡igual que River! Pero con una gran diferencia: el nivel. Un equipo de ciudad chica, todos jugadores locales, lejos estábamos de ese tercer equipo de Sudamérica. No es el caso de River. Recursos más, recursos menos, ambos son de altísimo vuelo. La cuestión es que ayer me quedé pensando que hubiese pasado si River planifica-

ba "apagones". "Apagones" que permitieran administrar ese esfuerzo máximo y gigantesco. Apagones que permitieran dosificar la energía para que el tanque tuviera autonomía de 90 minutos en lugar de 75. Cada tanto recuerdo ese partido de 2010 en el que David casi noquea a Goliat. Ayer eran dos Goliat.

5)   Como orador y conferencista, valorar que River maravilló a su audiencia. La cautivó hasta la mitad de la obra. Luego la mantuvo a gusto, pero su final no estuvo acorde al resto de la expectativa generada. Con una exposición cautivante el espectador espera un final cautivante.

6)   Como escritor, el libro de River tuvo introducción y tuvo desenlace. Pero no tuvo nudo. El "problema" que tiene que resolverse en toda trama argumental fue resuelto demasiado pronto (gracias a la genialidad del planteo táctico de Gallardo). Todo lo contrario ocurre con Flamengo: tuvo el cuento perfecto. Su introducción, su nudo (resolver con muchas dificultades los problemas a lo largo de la trama) y además, su final feliz. Soy de los que creen que ese cuento perfecto no lo escribió solo Flamengo. River, sin quererlo, fue coautor.

7)   Como experiodista deportivo y apelando a la metáfora: River se gastó todas las balas y cuando finalmente se le acabaron, lejos de meterse en la trinchera para sobrevivir, decidió seguir luchando a campo abierto. Hizo más caso a sus ideales que al instinto de supervivencia. Hizo más caso a lo que decía su cerebro límbico y neocorteza, que lo que pedía su cerebro reptiliano. He visto muchos planteles que, en pos de la supervivencia, abandonan a su líder. No es el caso de los jugadores de River, ellos siguieron con la idea que los une hasta el final. Ello habla por sí mismo de una cohesión grupal monolítica e irrompible. Ello habla de una liderazgo profundo de Marcelo Gallardo. Ello habla que "murieron con las botas puestas", con sentido de épica y pertenencia a una idea.

La fatiga de tanta presión asfixiante dejó a River desgastado para el último tramo. Quedará para siempre la duda si no debió terminar con bloque bajo y dos delanteros descansados para el juego directo: un 4-4-2 juntando líneas, cerrando espacios y anulando pasillos. Un 4-4 con los "desgastados" y un +2 con los frescos. Una primera línea defensiva con aire para defender y recursos para contraatacar. Quedará para siempre la duda porque ya estamos con el diario del lunes y las "estúpidas ideas" del después ya no se pueden validar en el antes.

Al balonmano hubiese ganado River. Al vóleibol hubiese ganado River. Al básquetbol hubiese ganado River. Al waterpolo hubiese ganado River. Esto es fútbol y puede ganar cualquiera. El fútbol como garantía eterna de la imprevisibilidad y la sorpresa.

Gallardo acertó en TODAS las decisiones a tomar con análisis lógico (antes del juego).

Gallardo ¿falló? en ALGUNAS decisiones a tomar con análisis intuitivo (durante el juego).

Gallardo confirmó que es humano.

Gallardo es un DT de Puta Madre.

Mi admiración.

1.11. ¿Cómo distinguir fácilmente si un equipo defiende bloque bajo, medio o alto?

Muy fácil. Se toma como referencia el círculo central:

1) Si defensivamente se posiciona un centrodelantero más abajo aún del círculo central es un bloque bajo.

2) Si defensivamente se posiciona un centrodelantero es claramente un bloque medio-bajo.

3) Si defensivamente se posiciona un mediocentro se trata de un bloque medio.

4)   Si defensivamente se posiciona un defensor central se trata de un bloque alto.

1.12. Jugando a la mancha

Un bloque bajo es como "jugar a la mancha". El que busca es el que ataca, el que parece que domina el juego porque hace el desgaste y en cierta forma es quien brinda el espectáculo. Lo que no sabe el que busca en la mancha, o el que ¿domina? el espacio por predisposición ofensiva en fútbol, es que quien está escondido disfruta de ese desgaste y espera paciente la oportunidad de dar el golpe mientras en esa búsqueda infinita (del jugador que busca en la mancha, del gol en el fútbol) va minando la concentración defensiva. En el punto máximo de obsesión por lo que no se encuentra es donde aparece la oportunidad de salir corriendo para gritar "casa" (o "pica" según región o país) tanto como de obtener el gol.

Así es un bloque bajo, bien parecido a una mancha.

1.13. El bloque bajo balonmaniza el fútbol

O handboliza. Como usted más le guste. Lo dijo **Marco Van Basten** en su momento cuando trabajaba para la FIFA. Lo dijo **Domènec Torrent,** exasistente de Guardiola. Como hombre del fútbol (trabajé como Preparador Físico) y del balonmano (trabajé como entrenador) encuentro similitudes por todos lados. Ojalá pudiera pasarles acá los videos que paso en mis conferencias para que puedan ver la real dimensión de lo que les digo.

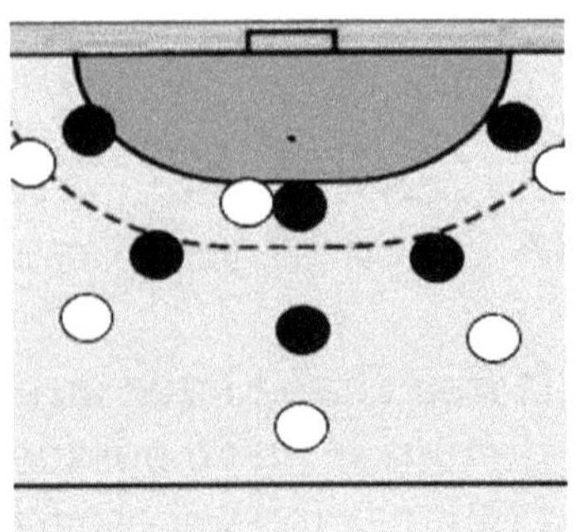

1) Líneas defensivas estructuradas. En los gráficos vemos un 3-2-1 en balonmano y un 4-4-2 en fútbol.

2) Repliegue cercano al área.

3) Mayor cantidad de componentes periféricos que interiores en ataque.

4) Mayor cantidad de componentes interiores que periféricos en defensa.

5) Circulación del balón por espacio exterior a la estructura.

6) Espacios entre líneas.

1.14. Paradoja Orden-Caos

Como regla general, defender necesita del mayor orden posible para neutralizar al oponente y el ataque el mayor caos posible para romper esa defensa.

Pero a su vez, la mayor cantidad de orden defensivo provoca una mayor dificultad para generar el caos ofensivo y a mayor caos ofensivo mayor dificultad para la reorganización defensiva.

	Defensa posicional	Transición ofensiva	Ataque posicional	Transición defensiva
Caos	- -	+	++	-
Orden	++	-	--	+

Eddie Jones es el entrenador del seleccionado de rugby de Inglaterra que asombró al mundo ganando de forma contundente a los All Blacks en 2019. Jones suele decir: "Necesitamos cambiar a los jugadores para que no dependan de las estructuras y tengan la confianza de jugar sin estructurar. Tienes que entrenar a los jugadores para jugar, lo que en su mayor parte es caótico". Sugiere un 85% del entrenamiento desestructurado para que sus jugadores aprendan a pensar por sí solos.

¿Es posible? ¿Aplica a todo? Quizá de sus palabras pueda extraerse y adaptarse una fórmula de trabajo, que cada entrenador regulará sus porcentajes en relación a sus ideas, fortalezas y debilidades de sus jugadores y del rival:

1) **Caos organizado** para el ataque: 15% de orden – 85% de caos.

2) **Orden caotizado** para la defensa: 85% de orden – 15% de caos.

Son necesarios ambos en esas proporciones (o similares) porque, por regla general, el caos ofensivo suele ganarle al caos defensivo y el orden defensivo suele ganarle al orden ofensivo.

El bloque bajo lo que provoca, en muchos casos, es paralizar el caos ofensivo y en esa parálisis se repite en "determinados órdenes ofensivos" (circulación del balón repetida hasta el cansancio que finalizan en envíos al área), que son fácilmente previsibles (aunque no siempre controlables) por el orden defensivo.

Osho decía que la naturaleza le da energía creativa a todo el mundo y se vuelve destructiva solo cuando es obstaculizada, cuando no se permite su flujo natural.

Por regla general, cuanto más técnicos e imaginativos sean los jugadores en ataque más posibilidades tienen de crear un caos organizado. Y casos extremos, como **Messi** o **Maradona**, ni siquiera de crear caos organizados sino caos absolutamente aleatorios, espontáneos e impredecibles. El bloque bajo funciona, en cierta forma, hasta como un antídoto disuasor del caos rival.

¿Cómo lograr creatividad ofensiva sin perder el "orden"? Ambas a la vez no es posible:

1) Controlar y mantener orden lleva más actividad cerebral en corteza prefrontal lateral = Preponderancia defensiva.

2) Fluir lleva más actividad cerebral en corteza prefrontal medial = preponderancia ofensiva.

	Defensa	Ataque
Caos organizado	15% Necesario para resolver situaciones que el orden no puede anticipar	85% Necesario para romper los esquematismos de orden defensivo
Orden caotizado	85% Necesario para tener una estructura que funcione con el mínimo de fallos coordinativos entre jugadores	15% Necesario para tener una plataforma desde donde crear el caos organizado
	+ actividad cerebral en corteza prefrontal lateral	+ actividad cerebral en corteza prefrontal medial

El "caos ofensivo" combina bastante bien con la capacidad de los jugadores para **fluir**. En mi tercer libro, llamado

"El Pensamiento en Montaña Rusa", escribo: "Distintos estudios se han encargado de demostrar que las personas en estado de flujo son más económicas que las que luchan por llegar al mismo resultado. Cuando las personas intentamos resolver desde la razón se sabe que el cerebro está emitiendo ondas beta con una frecuencia que oscila entre 15 y 20 hertz. Sin embargo, también se sabe que cuando las personas están imbuidas en un estado de flujo, son las ondas alfa, con una frecuencia de 8 a 12 hertz, las que predominan (ello redunda en una disminución de la actividad de la corteza prefrontal). Las ondas alfa fueron ignoradas por los neurocientíficos durante muchos años, pero se han revalorizado por su capacidad asociada a la creatividad y también como reguladoras de qué información es importante captar y cuál ignorar. Son ondas que se ocupan de silenciar la actividad irrelevante del cerebro, produciendo pulsos de inhibición aproximadamente cada 100 milisegundos".

¿Cómo aplica al fútbol? Aplica especialmente a los entrenadores: si ves un jugador fluyendo, no lo fastidies con indicaciones. Puedes matar ese estado (al interrumpirlo). Si ves un jugador espeso, propone algo que pueda llevarlo a fluir (para buscar rescatarlo). Si sabes hacer ambas eres un gran entrenador. Porque para ser ese gran entrenador es necesario que complementes el conocimiento teórico (no puedes hacer lo que desconoces) con una gran sensibilidad y empatía (debes conocer en profundidad a todos y cada uno para saber, como dice el entrenador de vóleibol **Julio Velasco** y replica **Guardiola**, cuál es **su tecla**).

1.15. ¿POR QUÉ JUEGAS (O EL RIVAL JUEGA) BLOQUE BAJO?

La capacidad de realizarse preguntas significativas (que nos aporten entendimiento en lugar de repeticiones porque sí) es un ejercicio decisivo para el entrenador y su cuerpo

técnico. El profesor e investigador español **Jorge Wagensberg** solía decir que cambiar de respuesta es evolución. Cambiar de pregunta es revolución. El publicista y creador del *brainstorming* (lluvia de ideas), **Alex Osborn**, dice que la pregunta es una de las conductas más creativas del ser humano. Si en la Universidad de Harvard, donde solo un 6% de los aspirantes mundiales logra ingresar a sus aulas, consideran que ninguna pregunta puede considerarse estúpida, en el cuerpo técnico de cualquier equipo debe abrazarse el mismo mantra. Este libro no pretende transferir conocimiento, sino implantar en sus lectores el arte de la indagación profunda: que cada quien sea capaz de construir su propio conocimiento (una especie de constructivismo donde podemos tomar como modelo a **Jean Piaget, John Dewey, Lev Vygotsky o Paulo Freire**). Aquí ofrecemos preguntas, disparadores, ideas y posibilidades (para que ustedes las deconstruyan y vuelvan a construir de acuerdo a sus necesidades).

Nuestro cerebro evolucionó y en esa evolución siempre asume primero algo como verdadero y luego lo cuestiona. Pero ocurre que no todos cuestionan y así asumimos como verdadero o correcto ideas que no necesariamente lo son. De ahí la importancia de la indagación: impedir que nuestro cerebro nos traicione o que un tercero nos manipule.

¿Por qué defiendes bloque bajo? ¿Con la expectativa de solo defenderte y aspirar a un empate? ¿Con la expectativa de defenderte y aspirar a un contraataque ocasional que permita un triunfo probable pero lejano? ¿Con la expectativa de que cada vez que recuperes el balón transformes esa oportunidad espacial en ataques furibundos? Ya ves, los tres comportamientos nacen de la misma idea defensiva.

Porque a partir del comportamiento elegido para llevar a la competencia es que diseñarás tus entrenamientos. Si la opción es la tercera, todo ejercicio defensivo de consolidación de bloque bajo debe ir armonizado a una acción consecuente de contraataque. Todo lo contrario si la opción elegida es la primera.

¿Por qué crees que el rival defenderá bloque bajo? ¿Qué dice el *big data* sobre ello? Porque esas tres opciones también son válidas para el comportamiento del rival y, en cierta forma, condicionará el tuyo.

Otras preguntas para llegar a fondo en la comprensión del bloque bajo:

¿Es la mejor forma de defenderse para estos jugadores? (QUIENES)

¿Es la mejor forma de defenderse todo un juego o solo en determinados momentos? (CUANDO)

¿Lo utilizo solo cuando voy ganando? ¿O también cuando empato? ¿Es lógico usarlo cuando voy perdiendo? (CUANDO)

¿Lo utilizo de local o de visitante? (DONDE)

¿En qué proporción logro con el bloque bajo los objetivos que me propongo? (CUANTO)

¿En qué proporción desestabilizo al equipo rival con mi bloque bajo? (CUANTO)

1.16. EL QUE DEFIENDE BLOQUE BAJO ES "DEFENSIVO"

Cuidado aquí con el "efecto de mera exposición", que básicamente consiste en que le damos mayores probabilidades a que algo sea cierto cuanta mayor cantidad de veces lo escuchamos. Ese es el poder que tiene la repetición de los mensajes (y más aún si la fuente genera credibilidad). Así se construyen certezas, a costa de las trampas a las cuales es inocente nuestro cerebro si no estamos prevenidos de ellas.

El fútbol desborda de frases y pensamientos. Muchos de ellos eternizados en el tiempo sin que medie un análisis crítico de ellos (tanto para validarlos como modificarlos): "El que defiende bloque bajo es defensivo" es uno de ellos.

¿Soy defensivo porque defiendo retrasado o porque defiendo con 11? ¿O ambas? ¿Soy más defensivo por la cantidad de jugadores que utilizo o por el espacio que elijo para

defenderme? Porque cuidado, ¿soy "ofensivo" defendiendo en presión alta con los diez jugadores y "defensivo" haciendo un bloque bajo de ocho jugadores y dos descolgados?

Uno podría pensar que un equipo que defiende bloque bajo no tiene participación ofensiva de sus defensores, ¿verdad? Pues *el primer gol de Valencia, en la final de Copa del Rey 2019, vino de un pase del defensor central (Paulista) a un marcador lateral que se desplegó como extremo (Gayá), que finalmente hizo finalizar a un delantero (Gameiro)*. Eso es ser ofensivo sin que el equipo rival crea que puedes ser ofensivo.

No existe la linealidad en fútbol. No siempre a A le sigue B. Cuidado con los paradigmas mentales. En una secuencia de cuatro partidos en el periodo marzo/abril 2019, **Guardiola** siendo ultra ofensivo terminó siendo el "entrenador más defensivo del mes": solo le patearon tres remates a la portería en cuatro partidos. Más contundente aún: en ese juego ofensivo, obtiene la Premier League con el equipo más goleador (106), pero también el menos goleado (27). Fue el más ofensivo, ¡pero también fue el más defensivo! En esa ausencia de linealidad también existe su reverso: los equipos desde el bloque bajo también pueden abundar en situaciones de gol.

Si un equipo cuando defiende presión alta y recupera pronto el balón es también considerado defensivo ¿Por qué motivo un equipo que defiende bloque bajo no puede considerarse ofensivo? La reversibilidad para deconstruir conceptos es muy importante aquí.

¿Qué piensan ustedes? Si un equipo defendiera con presión alta pero al recuperar el balón lo enviara hacia atrás y se consumiera el juego con pases laterales: ¿Puede considerarse ofensivo? La diferencia sustancial no está entonces en como defiendes, sino en el producto que entregas con balón luego de consumado el éxito defensivo. Desde esta perspectiva bien puedo defender bloque bajo y ser bien ofensivo.

Cuidado con los mitos y lugares comunes. Cuidado porque usted puede ser "ofensivo defensivamente y defensivo ofensivamente", como también puede ser "defensivo defensivamente y ofensivo ofensivamente".

Cuando un entrenador plantea bloque bajo, la palabra inmediata que le sigue de un tercero es defensivo. Le ocurría a **Mourinho** en el Manchester United: le cantaban *"parking the bus"* en las gradas.

Hacer *"parking the bus"* (cruzar el bus frente a la portería) te hace más defensivo, pero no te hace mejor defensivamente. No es lo mismo. El ponerte en "bloque bajo" no es garantía per se de nada. Se vio muy claramente por momentos en Champions 2019/20 en el partido Borussia Dortmund frente a Inter de Milán. Estos últimos lograron su mejor efectividad defensiva cuando hicieron bloque alto y la pasaron mal cuando diseñaron un bloque bajo 5+3 (a veces +4 con Lautaro Martínez y su vocación de jugador de equipo también en facetas defensivas).

Qué contradictorio parece todo, ¿no? Porque cualquiera entiende que el *"parking the bus"* tiene que ver con el "no perder". Sin embargo, Mourinho juega para ganar. En una entrevista a The Coach Voices dijo: "Tengo que jugar para ganar. Soy bastante patológico en esto. Alguien podría darme un contrato maravilloso, increíble, de 10 años, por ejemplo, y decirme: "El objetivo del equipo es permanecer en la mitad superior de la tabla". Entonces, si terminas séptimo, octavo o noveno, es perfecto. Eso no es para mí. Necesito un proyecto donde la sensación es que juego para ganar. Yo compito para ganar. Después, si gano o no gano, ese es mi problema, el de los jugadores y el club. Pero necesito un proyecto con esa presión. Esa es mi naturaleza".

El mensaje predominante, y por harto repetido, se volvió aceptado, es que los equipos ofensivos son los que ejecutan una presión alta, que tienen una voracidad inmediata por la recuperación del balón. Sí, los equipos más ofensivos del mundo parecen ser así. Pero también soy de los que creen que se puede construir el equipo más ofensivo del mundo desde un bloque bajo.

Arsenal de **Unai Emery** clasifica a la final de Europa League 2019 venciendo en el último partido a Valencia 4-2 con varios momentos (especialmente en el segundo tiempo) de un bloque bajo 5-2-3 (con **Lacazette, Özil y Aubameyang** con claras tareas en la primera línea defensiva). Barcelona de **Ernesto Valverde,** aunque muy criticado por ello, también ha defendido bloque bajo y ha ganado hasta por varios goles con esa fórmula.

En definitiva ¿qué marca que un equipo sea ofensivo? ¿La cantidad de tiempo que estoy en posesión del balón? ¿La agresividad en el uso? ¿La cantidad de situaciones de gol que genera? ¿El vértigo que le imprime al ataque? ¿Otras variables? Probablemente el patrón más decisivo sea la cantidad de situaciones de gol (Mediacoach determinó que la posesión tiene un 5% de incidencia en un resultado positivo, mientras que la cantidad y precisión de los remates a la portería un 40%): no puedo decir que soy ofensivo por tener mucho tiempo el balón y pocas situaciones de gol. Por el contrario, si puedo decirlo si dispongo de poco tiempo el balón y muchas situaciones de gol. Y muy especialmente la cantidad de situaciones de gol por unidad de tiempo. No es lo mismo necesitar de 10 minutos de posesión del balón para generar tres situaciones (una cada 3 minutos con 20 segundos) que necesitar tres minutos para generar la misma cantidad (una cada un minuto). El primer equipo es eficaz. El segundo es eficaz y eficiente (consigue lo mismo en menor unidad de tiempo). A los pocos días de ser campeón con Valencia, el futbolista **Dani Parejo** dijo lo siguiente: "Si puedes plantarte en el área rival con dos toques es mejor que con quince" (cambiamos ahora la unidad de medida de tiempo a pases).

Islandia en el primer tiempo del Mundial 2018 versus Argentina apenas consiguió 50 pases. Sin embargo, de ellos obtuvo un gol y tres situaciones de gol (una situación de gol cada menos de 12,5 pases).

La menor unidad de tiempo para atacar está directamente asociada a la velocidad con la cual ejecutas las transiciones.

Dani Parejo agregó: "Jugar como juega Barcelona es difícil, porque tiene que haber un tipo de jugador muy específico. Cada vez el fútbol es más rápido, más vertical y con más contraataques". En esa final de Copa, Valencia se impuso a Barcelona defendiendo bloque medio-bajo y jugando de forma veloz hacia delante.

Cuidado que cuanto más bajo defienda un equipo, más "ofensivo" también puede ser. Esto por el hecho de que los mejores jugadores con el pie normalmente son los que peor saben defender (y si son los que peor saben defender deben hacerlo bien juntos para suplir esas carencias). De esa forma, uno puede formar una mitad del campo, una segunda línea defensiva con todos "jugadores de buen pie" sin necesidad de tener ningún mediocampista "de equilibrio" o "de marca". *Un buen ejemplo de esto fue la Selección Argentina de **Lionel Scaloni** en el partido amistoso con Brasil (2019). El mediocampo de Argentina estuvo conformado por **Ocampos** y **Lo Celso** por fuera y **De Paul** con **Paredes** por dentro.* Esto quizá hasta tenga un legado conceptual de Cruyff. Decía Johan: "Si yo tengo que defender toda esta sala, soy el más malo que hay porque se me pueden ir por todos lados, pero si solo tengo que defender esta mesa, ya puede venir el mejor jugador del mundo que no me pasará. Entonces, ¿qué es defender bien y qué es defender mal? Es relativo. Es distancia, nada más. Con Guardiola lo que siempre hicimos fue que donde jugase él estuviera empaquetado, que nunca tuviera que defender demasiado espacio. Siempre un espacio reducido. Entonces es solo cuestión de ver, nada más. Siempre tenía que vigilar una cosa: tener a dos compañeros cerca para que solo tuviera que defender un espacio pequeño. Así eres el mejor defensor que hay".

Lo que seguramente **Johan Cruyff** conceptualmente explicaba para una defensa alta aplica directamente también a un bloque bajo. Nótese la paradoja: hasta un equipo súper ofensivo como el Manchester City ha necesitado de un mediocampista de equilibrio como **Fernandinho**. O un Real Ma-

drid necesitando a un **Casemiro** (con estadísticas llegando por momentos a segundo lugar en cantidad de recuperaciones y primero en tackles e interceptaciones en La Liga). Y así podría continuar la lista de ejemplos. Un equipo constituido a defender bloque medio-bajo puede resignarlo.

Una vez más, cuidado con los mitos y lugares comunes. Al pensar en un bloque bajo, inmediatamente viene a la mente un equipo defensivo. Y cuando ese pensamiento nos asiste, se relaciona directamente con jugadores de estilo defensivo, con grandes dotes de marcaje pero escasas de juego técnico con el balón.

Puede ser exactamente su contrario. El bloque bajo altamente coordinado permite la introducción de jugadores más técnicos con el balón y menos potentes físicamente en el marcaje uno versus uno. Lo que falta en un aspecto (físico, técnica defensiva) se compensa por el otro (reducción de espacios de marcaje).

Cuanto más agrupado defiendas, menos son necesarias las cualidades técnicas defensivas. En la ayuda y colaboración se disimulan las debilidades. Los jugadores *"box to box"* pueden dejar de compensarse en un 50% y 50% (como un mediocampista mixto "de manual") para elevar sus porcentajes de juego abonado al talento ofensivo y menos al marcaje (siempre y cuando tengan la constancia y obediencia de ceñirse a una estructura defensiva que los contenga).

El bloque bajo no es necesariamente para los que "juegan menos". Quizá sea, y no nos hayamos dado cuenta antes, para los que "juegan más" (que normalmente defienden menos). La ecuación perfecta para ellos: menos espacio para defender, más espacio para atacar y asociarse.

Eso ayuda al espectáculo. Un equipo defendiendo bloque bajo puede conformarse todo lo "técnico" que un entrenador lo desee. Hay que romper el mito que aquellos equipos que realizan presión alta son los que están dispuestos a brindar más espectáculo con el balón porque son los que tienen "hambre" de poseer el balón casi con exclusividad.

Hay muchas formas de repensar un equipo saliendo de las tipologías clásicas y esta es una de ellas.

1.17. El bloque bajo también provee campeones

Ucrania campeona del mundo (2019) en Sub 20 por ejemplo. Ucrania no defendió bloque bajo (1-5-4-1) por ausencia de individualidades. En Ucrania jugaban Konoplia, Sikan, Supriha, Buletsa o Tsitaishvili. Ucrania jugó bloque bajo porque esa era la forma de hacer que lo grupal sea más importante que lo individual sin que lo individual pierda su talento. Mérito de su entrenador Oleksandr Petrakov.

Valencia ganándole 2-1 la final de Copa del Rey a Barcelona en 2019, por ejemplo, y que tenía como antecedente a Barcelona obteniendo en forma consecutiva las últimas cuatro. He leído críticas de que era un bloque bajo que solo esperaba el error del rival. Es subestimar el análisis táctico del cuerpo técnico del Valencia y la propuesta de su entrenador **Marcelino García Toral**. Si observas ambos goles verás cómo gana espacios saliendo por banda (y no una banda, ambas bandas: Gayá por izquierda y Soler por derecha). Eso no es casualidad. Eso es estudio y decisión táctica: **sé cómo quiero defenderte pero también sé cómo quiero atacarte**. La mayor demostración de frustración de Barcelona ante esta defensa fue que, a falta de veinte minutos, Piqué ya estaba jugando de delantero. Marcelino García Toral había dicho el día anterior: "¿Cómo no voy a imaginarme ser campeón? Me gustaría tener más posesión, tener más ocasiones que Barcelona, pero no creo en ese partido. Tenemos que estar rápidos al contraataque, nos obligan a estar en bloque bajo mucho tiempo" (en la temporada ya se habían enfrentado dos veces con ese formato táctico y Barcelona no pudo ganar en ninguno).

Liverpool en la final de Champions League 2019 alternando pequeños momentos de bloque bajo y bloque medio-bajo frente a Tottenham haciendo retroceder hasta a la altura de los mediocampistas tanto a Mané por izquierda y Salah por derecha.

La **Selección de Francia** en varios pasajes de la final del Mundial 2018 (especialmente cuando quiso conservar su ventaja) *versus* Croacia en disposiciones defensivas flexibles: 4-4-2 y 4-5-1 preferentemente.

Cuatro campeones (uno de 2018 y tres de 2019) producto de utilización parcial o total del bloque bajo.

Más atrás en el tiempo, a nadie se le escapa el **Inter de Mourinho 2010** campeón de Champions League: *"En el Inter tuve mi mejor equipo en un bloque defensivo bajo. Con gente como Materazzi, Samuel, Lucio, Córdoba, puedes estar allí cinco horas y no convertir un gol".*

1.18. Evolución reglamentaria de las sustituciones

En algún momento el fútbol se acercará al balonmano en las reglas que rigen las sustituciones.

¿Hacia dónde irá? Hacia las sustituciones libres e indefinidas.

Ello modificará el fútbol para siempre, haciéndose más invulnerable en la fase defensiva y más estético y productivo en la fase ofensiva. Podrán defender los once mejores así como podrán atacar los once mejores. Todo dependerá de la cantidad de sustituciones ataque-defensa y defensa-ataque que planifique el entrenador.

Por regla general a mayor cantidad de sustituciones ataque-defensa y defensa-ataque mayores superioridades numéricas transitorias en el equipo rival, lo que puede acentuar la velocidad de las transiciones ofensivas.

1.19. ÉPOCAS CONFUSAS

Vivimos épocas donde los "defensores" (aunque hoy en día defienden todos) y los "delanteros" (aunque hoy en día atacan todos) están confundidos. A los defensores ya no se les pide más que sean recios y que con recuperar el balón para dárselo a un compañero alcanza. Se les pide que jueguen mucho y que además sean iniciadores del juego cerca de su portería (cuando el equipo contrario realiza presión alta) tanto como lejos de su portería (cuando el equipo contrario realiza bloque bajo). En el primer caso se exponen a que, ante pérdida, el equipo contrario cobre gol casi con inmediatez. En el segundo caso se exponen, ante pérdida, a situaciones de contraataque 1x1 y 1x2 en espacios amplios (y en total desventaja motora ya que los delanteros corren de frente, mientras a ellos los encuentran de espaldas a su portería). Los defensores ya nunca más serán lo que fueron y hasta que las nuevas pedagogías, didácticas y metodologías de fútbol formativo no nos entreguen jugadores formados para esto, los "defensores" seguirán sufriendo estas épocas de cambio. Quizá haya algunas excepciones a la regla en este punto: Barcelona (La Masía) y Ajax (De Toekomst).

1.20. ES IMPOSIBLE DETENER LA EVOLUCIÓN

Puede gustarnos o no hacía donde evoluciona el juego, sus tácticas, la tecnología, las metodologías de entrenamiento. Lo que no se puede hacer es ignorar la evolución. Porque guste o no guste, la evolución no se detendrá por nuestra opinión. La evolución del fútbol solo sigue el correlato de la evolución de la naturaleza humana. La evolución no respeta opiniones, pasados gloriosos, tapas de revistas descoloridas por el paso del tiempo o títulos académicos. La evolución sigue su propio camino mientras nos pasamos discutiendo y añorando momentos "donde todo tiempo pa-

sado fue mejor". Lamento decirles, ese tiempo pasado no existe más. Y lo que es peor, no existirá más. Eso no significa que no puedan rescatarse elementos del pasado para hacer "una mejor evolución" (por ejemplo, el fútbol calle), pero ese fútbol de esas épocas no regresa más.

Que hermosa evolución ha tenido el fútbol que los defensores ya no tienen miedo de jugar y los delanteros ya no tienen pereza para defender.

Entre muchos otros factores, las defensas zonales replegadas han "colaborado" en esa evolución. Si lo defiende el oponente, te obliga a poner a tus defensores centrales bien arriba en la tarea de iniciación del juego. Si lo defiende tu equipo, te obliga (excepto que lo juegues partido) a replegar a tus delanteros para que conformen la primera línea defensiva.

La escena dura dos posesiones (lo que dura un ciclo completo de ambas transiciones y ambas posicionales): la de Croacia y la de Francia. En la posesión de Croacia lo vemos a Mbappé casi de defensor lateral. En la posesión de Francia, Mbappé remata desde zona 14 al cuarto gol de Francia en la final del Mundial 2018.

1.21. EL BALONMANO INNOVARÁ AL FÚTBOL

Como entrenador de balonmano en general, pero como especialista en creatividad e innovación en especial, me animo a aseverar que en muy poco tiempo casi todos los equipos de alto rendimiento en fútbol (y de mediano también) dispondrán de un entrenador de balonmano en su cuerpo técnico. Ayudará a comprender las dinámicas de ataque al bloque bajo en la competencia y enriquecerá los entrenamientos con ejercitaciones y juegos aplicados en los cuales los futbolistas dominen todo el bagaje propio del fútbol y también todas las herramientas del balonmano que harán mejor al fútbol.

Es que las nuevas ideas que solucionan viejos problemas son necesarias buscarlas también fuera del propio ámbito. Henry Ford no encontró la idea de cadena de montaje en su taller, sino viendo circular las reses en un matadero. El freezer no es producto directo de un laboratorio, sino de un viaje a la península del Labrador donde vieron que el frío extremo conservaba los alimentos por más tiempo. Karim Lakhani, de la Universidad de Harvard, realizó un estudio sobre la "Inteligencia Colectiva en los concursos y premios de innovación" e insistió en las ventajas de los concursos abiertos para la resolución de los problemas, ya que estos eliminan cualquier barrera de entrada y permiten la participación de "personas inesperadas y marginales a la temática" (para el fútbol, el balonmano es marginal). Lakhani encontró que las soluciones ganadoras tenían una fuerte correlación con la distancia entre la especialización técnica del ganador y la del campo habitual del problema. En pocas palabras, las soluciones ganadoras provenían de los ámbitos técnicos marginales.

O sea, las soluciones al bloque bajo, quizá las encontremos más en el balonmano (y otros deportes) que en el fútbol mismo.

En la creatividad los elementos a combinar necesitan ser distantes entre sí y para ello se necesita amplitud perceptual, emocional y cognoscitiva. Los elementos muy razonados están muy cercanos entre sí. Por eso al experto le cuesta innovar. Si bien tiene una infinita cantidad de elementos para combinar, todos ellos se encuentran muy cercanos entre sí. Si se combina agua con agua, el resultado será agua. Es lo que denomino el "triángulo de la disrupción": el alejamiento de los elementos a combinar aumenta progresivamente la amplitud de la disrupción.

Hace más de un siglo Henry Ford hizo una interesante reflexión respecto de la tradición, del conocimiento adquirido y, en definitiva, de cómo escapar a conductas resistentes al cambio, la creatividad y la innovación: "No siempre es fácil

alejarse de la tradición. Por eso quienes dirigen todas nuestras nuevas operaciones son siempre hombres que no tienen conocimiento previo en la materia y, por lo tanto, no han tenido oportunidad de familiarizarse con lo imposible". Este razonamiento intuitivo tiene que ver con lo que el filósofo Thomas Kuhn definía en los siguientes términos: "Cuanto más éxito tenga una persona con un paradigma particular, más difícil es que lo deje ir cuando este ya no se pueda aplicar". No es casualidad, entonces, que Einstein afirmase que lo había ayudado más la lectura de Dostoievski que la del matemático Gauss. No es casualidad que Ferry Faden, gerente de DuPont (léase Klopp, Mourinho, Guardiola, Nagelsmann, Setién o quien sea), expresara en una oportunidad que evita leer sobre las ideas actuales, ya que su trabajo es crear nuevos negocios (léase tácticas, entrenamientos, motivaciones) y tiene que estar buscando siempre el límite.

Entonces, las respuestas al fútbol puede que estén en el fútbol, pero de seguro que también estén fuera de él.

Un poco más tarde en el tiempo, todos los equipos de alto rendimiento tendrán un especialista en creatividad en su cuerpo técnico, atendiendo a la imperiosa necesidad de innovar para "adelantar" una jugada a sus competidores, o bien bloquear una jugada innovadora de ellos. Cuando digo "jugada" no estoy hablando solo de técnica y táctica, sino también de diseño de entrenamientos, motivación, liderazgo y todos aquellos infinitos factores ("detalles") que determinan el máximo rendimiento en el alto rendimiento.

Coca-Cola compite con Pepsi y ambos tienen creativos a su disposición para dirimir esa lucha competitiva. McDonald's de igual forma con Burger King. ¿Cómo no lo van a tener Real Madrid o Barcelona? Cuidado, no estamos hablando aquí de laboratorios de innovación, como pueden ser el *Innovation Center* del Manchester City o el *Innovation Hub* del Barcelona. Estamos hablando aquí de una creatividad cotidiana dentro del mismo cuerpo técnico. Esa misma creatividad que interactuará con los *Innovation Hub* llevando ideas y recogiendo soluciones, siendo un puente directo entre el entrenador y el laboratorio de innovación del club.

Los futbolistas y los entrenadores compiten por velocidad: ¿quién piensa más rápido? También por calidad: ¿quién piensa mejor? Pero competirán cada día más por originalidad: ¿quién piensa más divergente?

1.22. AlphaZero dominará el fútbol

La inteligencia artificial muestra sus narices con rostro humano. No solo es capaz de analizar millones de patrones en cuestión de segundos, sino que es capaz de realizar devoluciones con dosis de creatividad como si de un humano se tratase.

En el diario La Vanguardia describen a AlphaZero de la siguiente forma: "Los maestros del ajedrez que han analizado las partidas de AlphaZero alucinan. No porque gane, sino por las estrategias que despliega para ganar. En su presentación en sociedad, en diciembre de 2017, AlphaZero arrasó a Stockfish, el mejor programa de ajedrez del momento y la herramienta de preparación de la mayoría de ajedrecistas de élite. De 100 partidas, ganó 28 e hizo tablas en 72. No perdió ni una. Fue un auténtico shock. Los expertos dijeron, entonces, que el ajedrez había cambiado para siempre. AlphaZero adquirió un inigualable conocimiento del juego "único y superior", tal como lo definió el legendario maestro de ajedrez **Gary Kasparov**, en una sola jornada de trabajo enfrentándose a sí mismo en 44 millones de partidas, más de mil por segundo".

El AlphaZero del fútbol jugará miles de millones de partidos en apenas pocos segundos: Jugará los partidos con todas las combinaciones posibles de tus jugadores (titulares y suplentes). También tu rival. Jugará con todas las combinaciones posibles de posiciones en que ubicarás a tus jugadores. También tu rival. Jugará con todas las posibilidades

de resultados posibles en relación a los distintos momentos del juego. Jugará con todas las posibilidades de sistemas de juego (y ellas en relación al tiempo, jugadores y resultado). También tu rival. Jugará a todo y realizará propuestas increíbles de carácter táctico. Pero además, irá jugando el juego a medida que se va jugando el juego: analizará en tiempo real y proyectará soluciones en tiempo real.

Pero hasta que AlphaZero llegue a tu realidad, deberás mantener activo el:

1) Arte de la indagatoria (para hacerte las preguntas correctas).

2) Arte de la creatividad (para encontrar las nuevas respuestas).

3) Arte de la valentía (para tener la fortaleza de correr riesgos al ponerlas en práctica).

Imbuirte como entrenador en el arte del pensamiento creativo también tendrá efectos secundarios sobre ti, ya que la práctica de la creatividad activa las zonas del cerebro que están relacionadas con los circuitos de recompensa (superficie tegmentale ventral, núcleo accumbens, septo y corteza prefrontal). O sea, la creatividad no solo te entregará mejores tácticas. Además disfrutarás de ello.

CAPÍTULO 2

DEFENSA

2.1. BLOQUE BAJO: ¿DECLARACIÓN DE INFERIORIDAD? *VERSUS* ¿COMPRENDER EL VALOR DEL CERO EN LA PROPIA PORTERÍA?

Muchos entrenadores adhieren a la teoría de la imperiosa necesidad de sostener el cero en el tiempo como importante valor agregado para competir. Por ejemplo, el Atlético de Madrid de **Simeone** o el Chelsea de **Mourinho**. Los rivales del Atlético de Simeone han llegado a necesitar de inspiraciones divinas para poder vencerlo, sino *recuerden la jugada de **Benzema** donde supera a tres defensores y la línea para asistir a **Kross** y que **Isco** convierta de rebote.* Y si, a veces la inspiración supera al método porque el método no tiene la velocidad de analizarla y tomar decisiones en consecuencia. El método necesita análisis, tiempo y entrenamiento. La inspiración no. Pero más vale que la inspiración sea divina, porque en caso de que no lo sea, el método le ganará a la ausencia de él.

No suele ser casualidad y tampoco parece ser fortuito, más bien es una tendencia general del juego en el mundo, que un alto porcentaje de partidos que inician con gol propio se ganan (en su defecto se empatan) y otro alto porcentaje de los que se iniciaron con gol rival se pierden (o en su defecto se empatan). En México, por ejemplo, las estadísticas revelaron que América era muy raro que perdiera si convertía el primer gol. O Santos Laguna era muy raro que ganara si le convertían primero. Las estadísticas son abrumadoras en algunos casos: el 70,73% de las veces que un equipo mete el primer gol en un partido entre San Francisco FC y CV Plaza Amador, logra ganar el partido. Elijo esta estadística del fútbol de Panamá para alejarme de los lugares comunes (por ejemplo, fútbol europeo que más adelante retomaré) y demostrar que se trata de un fenómeno mundial, independiente de la liga en la cual se juegue.

La importancia de la portería en cero se fundamenta también en que en el fútbol, a diferencia del básquetbol, balonmano o rugby, la obtención de goles es muy escasa. Eso aumenta el valor del cero en contra como plataforma para el uno a favor. Un estudio de 2014 de **Anderson & Sally** reveló que el número de goles marcados por partido en las principales ligas europeas es de 2,66. ¿Consecuencia? Los equipos que convierten el primer gol ganan el 65-70% de los partidos.

En un **estudio de Francisco Daniel Martínez Martínez e Higinio González García** sobre las principales ligas de Europa y la importancia de anotar el primer gol, que correlaciona con evitar el primero del oponente, arrojó varios resultados.

En La Liga (España) cuando el equipo local convierte el primer gol, gana en el 75,12% de los casos. Empata en el 17,42% y pierde en el 7,46 %. Cuando el primer gol lo convierte el equipo visitante, termina en triunfo en el 62,50%, en empate 17,76% y en derrota en el 19,74%.

En Premier League (Inglaterra) cuando el equipo local convierte el primer gol, gana en el 78,26% de los casos. Empata en el 12,56% y pierde en el 9,18%. Cuando el primer gol lo convierte el equipo visitante, va seguido de triunfo en el 61,64% de los casos, empate en el 21,24% y derrota en el 17,12%.

En Bundesliga (Alemania) cuando el equipo local convierte el primer gol, gana en el 74,16% de los casos, empata en el 15,73% y pierde en el 10,11%. Cuando el primer gol lo convierte el equipo visitante, va seguido de triunfo en el 58,71% de los casos, empate en el 24,78% y derrota en el 16,51%.

En Ligue 1 (Francia) cuando el equipo local convierte el primer gol, gana en el 77,99% de los casos, empata en el 17,70% y pierde solo en el 4,31%. Cuando el primer gol lo convierte el equipo visitante, la victoria la obtiene en el 63,83% de los casos, empate en el 19,86% y derrota en el 16,31%.

En Serie A (Italia) cuando el equipo local convierte el primer gol gana en el 72,90% de los casos. Empate en el 15,42% y pierde en el 11,68%. Cuando el primer gol lo convierte el equipo visitante, la victoria se da en el 61,64% de los casos. Empate en el 19,18% y derrota en el 19,18%.

Estas conclusiones hasta exceden el fútbol. En un estudio realizado por **Jordi Arboix-Alió y Joan Aguilera-Castells**, en el hockey español, con 240 partidos analizados de la Ok Liga (máxima categoría) y 182 de la Primera División Nacional (segunda categoría) de la temporada 2016-2017, encontraron la ventaja que de marcar primero deriva en triunfo en el 64,14% y 62,91%, respectivamente.

Esto ha provocado en muchos casos lo que le he puesto de nombre **"la batalla del cero"**. El cero en la propia portería es el otro lado de la moneda del uno en el rival. No hay uno sin el otro.

El "portería en cero" se entrena tácticamente, pero también se estimula motivacionalmente. El entrenador **Claudio Ranieri** tenía una particular preocupación por este aspecto. A tal punto de regalar a sus jugadores pizza si conseguían sostener la portería en cero a lo largo de todo el partido. Así, entre otras muchas variables (por ejemplo, entrenar velocidad al final del entrenamiento para tener a sus jugadores siempre veloces para las transiciones), obtuvo la Premier League 2016, un título que conmocionó al fútbol inglés en particular y al mundo del fútbol en general.

El fútbol ofensivo ha de coordinar con el defensivo, para que éste le permita todo el tiempo del mundo para expresarse y obtener su cometido. Cuando éste flaquea (nos convierten un gol), el fútbol ofensivo se vuelve más:

1) **Tenso**, porque ya está "obligado" perdiendo su naturalidad y espontaneidad.

2) **Incómodo**, porque todos los rivales tienden a realizar reagrupamientos defensivos donde entregan el balón, pero se adueñan del espacio vital: los últimos metros del campo, aquellos donde si el fútbol ofensivo no concreta no tiene mucha razón de ser en sí mismo.

3) **Urgente**, porque los tiempos de elaboración naturalmente tienden a acortarse: la paciencia que era un valor empieza a ser mal vista, especialmente por los fans que quieren el empate ahora, ya. Esta demanda temporal es mucho más acentuada aún si el que recibe el gol es el equipo local.

2.2. CONCEPTO DE RED

Un bloque bajo defensivo tiene que ser visto como una red protectora que tiene dos objetivos principales: en primer término el cuidado de las zonas frontales a la portería. Y en segundo término la cantidad de elementos que permitirán al oponente que caigan en su interior.

Piensa por un segundo en una red de pesca: si los espacios del entramado de la red son muy grandes, los peces se escurren entre ellos y no pueden ser capturados. Igual que en un partido de fútbol, si el jugador se escapa del entramado tiene altas posibilidades de conducirse al gol.

El bloque bajo defensivo tiene la **"doble sabiduría"** de ser efectivo tanto en su interior (por las ventajas de la red en superioridad numérica defensiva), como en su exterior (por ubicar jugadores por fuera del entramado, lo cual pone a cada uno de ellos en situaciones desfavorables para convertir un gol).

El bloque bajo debería ser tan bueno que si quieres entrar a su interior, quedes maniatado, como así también si quieres moverte en su periferia, quedes lejos de la posibilidad de convertir un gol. *En el duelo de Champions de ida (2010), Mourinho recuerda algo que tiene que ver mucho con esto: "Messi no podía estar solo cuando se metía entre líneas. Lo más importante era no dejar jugar a Messi con facilidad. Recuerdo que tras el partido la prensa italiana usaba la palabra "gabbia", cuya traducción será como una "jaula" a Messi".*

Hoy en día se ha popularizado el concepto "caja de presión", por lo cual el hombre libre que recibe tras la línea de presión es "encajonado" por dos jugadores de la línea siguiente y dos de la línea que ha sido superada.

Esta solución ha sido utilizada por Ucrania en la final del Mundial Sub 20. Cuando el hombre libre de Corea del Sur recibía (especialmente de espaldas) tras una línea defensiva, se activaba este comportamiento defensivo.

En una red conformada, por ejemplo, por un 4-4-2 usted dispone naturalmente de cuatro cajas de presión, dependiendo si es superada la primera línea defensiva o la segunda. El bloque bajo, entonces, facilita la aplicación de estos conceptos tácticos defensivos al estructurarse de forma simétrica y agrupada.

Cuanto más espacio medie entre línea y línea menos posibilidades de realizar efectivamente una caja de presión.

Las redes más comunes son:

Diagrama	Sistema	Fortalezas	Debilidades
	1-4-4-2	Armonía en las tres líneas defensivas. Equilibrada densidad interior-exterior.	Exceso de simetría. Mayor facilidad de interpretación por el rival.
	1-4-5-1	Buena densidad defensiva en la segunda y tercera línea.	Primera línea defensiva casi inexistente. Pobre posicionamiento para contraataque.
	1-5-2-3	Primera y última línea defensiva amplia. Excelente posicionamiento para contraataque.	Mayores posibilidades de filtrar pases. Facilidad para quedar de cara a la última línea defensiva.
	1-5-3-2	Última línea defensiva amplia. Limitación de juego por bandas.	Sin buena basculación, debilidad en los carriles interiores.
	1-5-4-1	Buena densidad defensiva segunda y tercera línea. Limitación de juego por bandas.	Primera línea defensiva casi inexistente. Pobre posicionamiento para contraataque.
	1-4-1-4-1	Soporte defensivo ante pérdida de segunda espalda. Excelente posicionamiento para contraataque.	La presencia del soporte defensivo puede ampliar espacios. La presencia de un soporte puede relajar segunda línea defensiva.

2.3. ¿Siempre es necesario equipo completo para el bloque bajo?

No necesariamente. Hay partidos que necesitarás los once jugadores aplicados y en otros puedes necesitar diez, nueve y quizá ocho. Esto forma parte también de las preguntas que debes realizarte para agregar una línea defensiva o quitarla y utilizar solo dos. Esto forma parte del proceso artesanal de la construcción defensiva (y en esa construcción defensiva también construyes la ofensiva). Como dice el entrenador **Jacques Passy**: "Bloques se defienden con bloques. ¿Equipos partidos cómo?".

Si efectivamente dejas jugadores fuera de la tarea del repliegue profundo y de las responsabilidades defensivas zonales, porque ello no implica que aun así puedas asignarle algunas tareas defensivas, se abren nuevas posibilidades: la de rotar aquellos jugadores que deben replegar profundo con aquellos que quedan descolgados. Esto puede permitirte alternar las fases de recorridos más largos con la de recorridos más cortos (por posición en el campo y por tareas defensivas asignadas) y, de esa forma, alargar la vida útil de esos delanteros que, de trabajar todos juntos en el repliegue defensivo, acumularán dentro de sí un desgaste superior. Exactamente lo que hacen los gansos cuando migran. Disponen de su formación "táctica" de vuelo en V y, cada tanto, intercambian sus posiciones, porque los de adelante llevan más el esfuerzo que los de atrás. Eso les permite elevar su rendimiento en aproximadamente un 70%.

Una de las preguntas básicas que debe hacerse es: ¿mis descolgados justifican esa decisión? Es decir, ¿su aporte ofensivo será tan relevante que puedo eximirlos de la tarea defensiva? ¿Cuánto es su aporte defensivo y cuanto es el daño que le agrego a la estructura relevándolos de esa tarea?

Otra de las preguntas básicas para estimar la cantidad de componentes del bloque bajo es la capacidad de daño que puedan tener los defensores centrales respecto de conducción a los intervalos y pases entre líneas. Pero la primera evaluación acerca de los defensores centrales tendrá que vincularse con una segunda evaluación: si quitas la primera línea defensiva por dejar descolgados, normalmente serán los mediocentros e interiores quienes se pongan de cara a ese bloque bajo de dos líneas. Y si ellos son verdaderamente buenos en la construcción inicial del juego, puede que hayas tomado una decisión errónea, porque quizá pasaste de un 10x10 con iniciadores rivales mediocres a un 8x8 con iniciadores rivales de calidad. ¡A los mejores les diste más el balón y les entregaste más espacio!

¿Con cuántos comenzar el bloque bajo y cuantos descolgados? Depende del riesgo inicial que quieras correr. Básicamente puedes recorrer el camino de dos formas: de más a menos (comienzas con bloque bajo de equipo completo y vas retirando elementos a medida que ves la incapacidad del oponente) y de menos a más (comienzas con el mínimo probable y agregas elementos en la medida que se observe que la estructura no demuestra solidez).

2.4. Los metros cuadrados

Cuando sales a defender uno a uno todo el campo, los metros cuadrados defensivos se acercan a los ofensivos. En una situación ideal de marcaje 1x1 (defensor "pegado como estampilla") tiende a igualarse.

Ahora bien, cuando sales a defender bloque bajo, los metros cuadrados defensivos tienden a disminuir sensiblemente de los ofensivos. Un equipo atacante que reduce a cero su amplitud y reduce a cero su profundidad, se transforma en una masa uniforme de once jugadores en un punto del eje del campo. Fácil de defender porque se anula a sí mismo.

Es en esa obligación de profundidad y amplitud en la cual sus metros cuadrados ofensivos son muy superiores a los defensivos.

La historia es bastante vieja ya. La historia nació el día que nació el fútbol: los atacantes intentando ganar espacios para sí, mientras que los defensores intentan reducírselos. La lucha por los espacios libres. Con el bloque bajo se diluye la lucha por los espacios: es quien defiende el que determina los espacios libres (lejos de la portería).

¿Dónde radica la mayor desventaja para un equipo que ataca bloque bajo?

1) Debe atacar en una superficie mayor a la utilizada por quienes defienden.

2) Los espacios los elige quien defiende. Es quien elige el que lleva ventaja: se los ofrece reducidos.

3) La reducción de espacios provoca la simultánea reducción de tiempos en el interior de la red: tiempos de desmarques, controles, protección del balón, etc.

Ello tiene una consecuencia irreversible:

4) Dispone de inferioridad numérica en los espacios más decisivos del juego (zona 14 o cuadrado de oro).

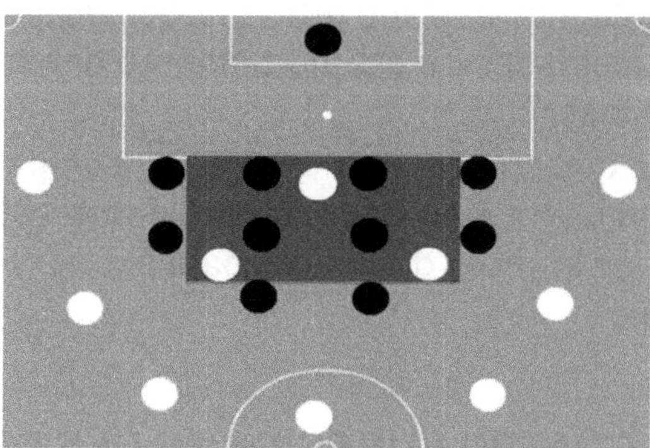

Hoy en día existen herramientas, como Exasol, que permiten controlar visualmente los espacios en fútbol mediante la creación de gráficos Voronoi en Tableau.

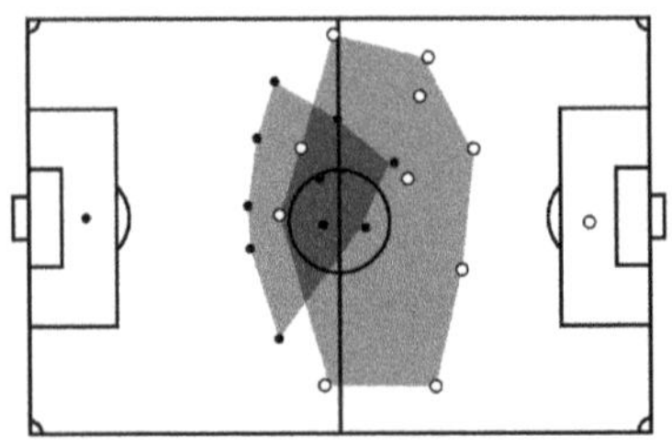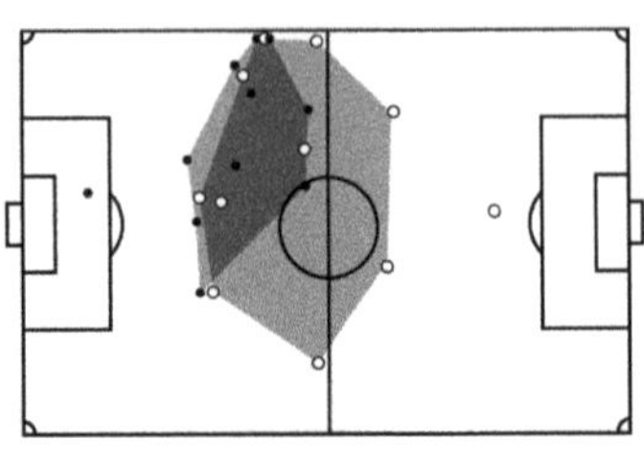

¿Tiene sentido que los defensores centrales estén tan alejados de la primera línea defensiva? ¿Están situados a la distancia óptima para circular el balón y atacar intervalos? ¿Están situados a la distancia óptima para filtrar pases? En este punto será conveniente revisar el posicionamiento de estos jugadores. Tengo la impresión que, en muchos casos, no están ubicados a distancia óptima de lo que sería la primera línea defensiva, pecando en todo caso por más lejanía que cercanía. Ninguno de ellos es tan incauto como para jugar tan cerca que puedan robarle el balón, pero será necesario estimar la distancia correcta para que tampoco jueguen tan lejos, que sus líneas de pase sean muy grandes (en metros) dando en cada metro de longitud por demás, mayor previsibilidad, posibilidades de acomodamiento defensivo y hasta interceptaciones.

Soy de los que creo fervientemente que un partido de fútbol debe analizarse **simultáneamente** desde el juego y desde este tipo de gráficos dinámicos para extraer conclusiones significativas.

2.5. Las cuatro superioridades de Paco Seirul.lo

¿Cuál es el secreto del bloque bajo? ¿Por qué cada vez más entrenadores toman cuenta de él? Las potenciales cuatro superioridades de Paco Seirul.lo.

Si bien no es un concepto que Seirul.lo haya desarrollado para explicar el bloque bajo, aplica de forma perfecta. A saber:

1)	Numérica: en el interior de la red somos más. He llegado a describir superioridades numéricas de +8.

2)	Posicional: estamos mejor ubicados. Hasta el día de hoy las colocaciones defensivas describen agrupamientos posicionales que entregan superioridad frente a la colocación del equipo atacante (este tipo de superioridad posicional lo utilizó con mucha inteligencia **Arrigo Sacchi** cuando desafió a **Van Basten, Gullit** y compañía a jugar un 4x10: Sacchi con 4 defensores *versus* los holandeses en un grupo de 10 atacantes, no le convertirían un gol en un bloque de tiempo de aproximadamente 10-15 minutos. Resultado: Sacchi ganó la apuesta. Ahora pensemos en estos términos: si Gullit y Van Basten en una superioridad numérica +6 no pudieron, ¿qué queda entonces para aquellos equipos que atacan un bloque bajo desde la igualdad numérica general, pero desde la inferioridad específica (zona 14)?

3)	Socioafectiva: las relaciones defensivas para imponerse con un bloque bajo son más simples y automatizadas que las relaciones que necesitan darse ofensivamente para doblegarlo.

4)	Cualitativas: el "somos mejores" llega a producirse por el buen ejercicio de las otras tres superioridades (porque en realidad muchas veces se llega a esa elección defensiva porque "somos peores"). Es decir, el bloque bajo tiende a usarse, en muchos casos, producto de una natural inferioridad.

Podemos incorporar aquí otras superioridades:

5)	Informativa: los defensores suelen estudiar más a los delanteros que al revés. Antes lo hacían mediante videos. Ahora se hace mediante aplicaciones: cualquier jugador puede analizar en cualquier momento a sus oponentes. Como el defensor argentino **Juan Foyth**, que lo hace a través

de una aplicación que le recomendó su representante y que se llama Wyscout.

2.6. Innovar a partir de la obviedad

¿Cuál sería un bloque bajo sólido pero obvio?

Un equipo con sistema táctico 4-4-2.

Que disponga de dos marcadores centrales de buen juego aéreo (por eso lo de impedir juego interior que termina con lanzamiento de centros al área) como suele elegir **Sean Dyche** en el Burnley de la Premier League.

Un portero especialista en manejar el juego aéreo. A la vez, especialista en entregar balones con la mano para jugar contraataques de primera y segunda oleada.

Dos delanteros veloces.

Dos carrileros veloces.

Un mediocentro con capacidad de armonizar el contraataque, especialmente cuando se construye a partir de la segunda oleada.

Un mediocentro con alta capacidad de proporcionar el "bendito equilibrio". Llámese equilibrio a evitar la descompensación cuando un equipo se lanza de forma rauda a correr el contraataque.

¿Cuántas variantes se le puede encontrar a un bloque bajo clásico? Todas las que la imaginación del entrenador permita crear y todas las que su valentía permita implementar.

2.7. Los juegos de cohesión grupal

El fútbol del siglo XXI encierra una paradoja: en tiempos donde más se predica entrenar con balón (periodización táctica o entrenamiento integrado, por ejemplo) más se entrena sin balón (actividades de *team building*). Tal es así que puedes ver al Hoffenheim de Alemania realizando rafting o al Austria de Viena realizando descensos en la nieve.

Ya lo dijo Macovei en 2012: "Las relaciones entre compañeros de equipo son decisivas para garantizar la cohesión de un grupo y la eficacia de una actividad de equipo depende de la calidad de las relaciones".

Ahora bien, hoy por hoy los juegos de cohesión grupal y las dinámicas de *team building* tienen carácter generalizado. Es necesario construir una metodología específica: que comience fuera del juego, pero que termine dentro de él. Para que quede más claro: dinámicas de *team bulding* específicas para bloque bajo. Lo socioafectivo relacionándose y amigándose a lo táctico.

1) Generalista: los defensores, mediocampistas y delanteros, cada uno en un bote haciendo rafting.

2) Mixta: los defensores defendiendo un espacio de una "mancha", los mediocampistas otros y los delanteros otros en forma de mancha.

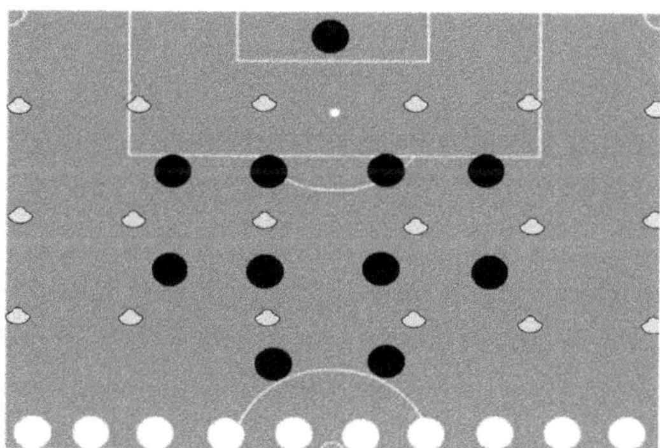

¿Cómo se juega?

El equipo atacante se separa en la línea de la mitad del campo, el equipo defensor se posiciona en bloque bajo. Los atacantes salen de a uno en el orden que marca el entrenador y atacan el pasillo más cercano (deberán así bascular cada vez que el entrenador lo disponga). Luego se ataca de a dos jugadores (2 pasillos) y tres jugadores (tres pasillos).

3)   Específica: Un 8 vs 6 + A como le hemos visto al Bayer Leverkusen, por ejemplo.

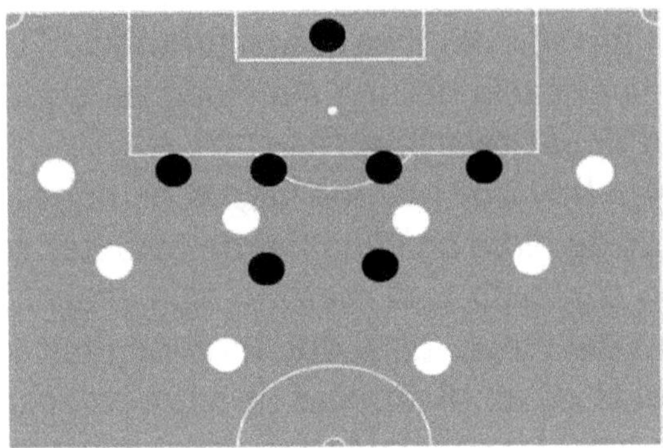

Cada ejercicio debe explorarse al máximo de sus posibilidades mediante la creatividad, para explorar nuevas opciones y combinaciones. Ello no significa que deben ser usados todos en la misma sesión de entrenamiento. Pero probablemente sea necesario utilizar varios por un fenómeno muy actual que llamo **"La muerte del ejercicio único"**. Los entrenadores actuales "entrenan millennials y centennials" (y en poco tiempo solo centennials): estos jóvenes se caracterizan por tener conductas ajustadas al mundo de sus móviles. De un tweet se pasa a una historia de Instagram o a un estado de Whatsapp y de ahí a cualquier otra aplicación en cuestión de segundos. Las transiciones de sus intereses son bien dinámicas y no es fácil que mantengan la concentración por mucho tiempo. El cerebro de estas nuevas generaciones tiene una habilidad especial para cambiar de tareas con rapidez y naturalidad, y de integrar informaciones a más velocidad que las generaciones anteriores. Ello lleva a la muerte del ejercicio único y a la obligación creativa de generar una batería de actividades que logren sostener su entusiasmo y motivación a lo largo de todo un entrenamiento.

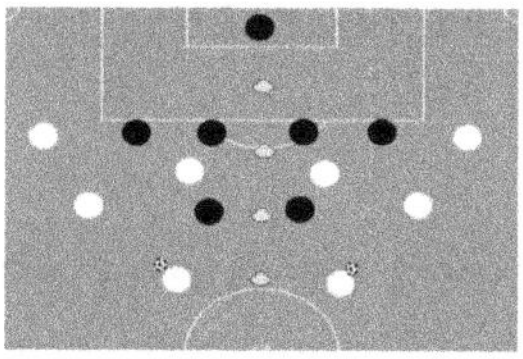

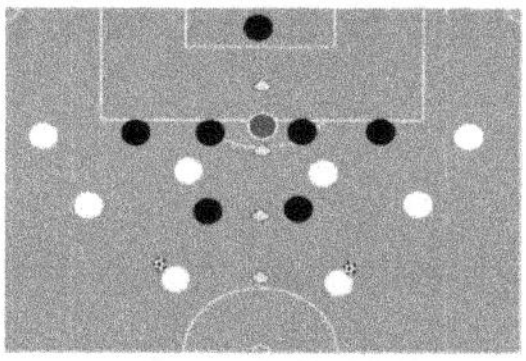

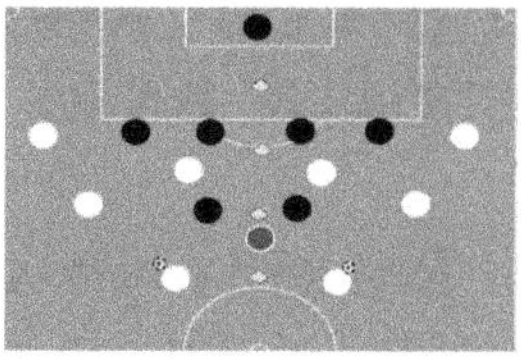

Espacio dividido en dos. Se juegan ambas situaciones de 4x3 a la vez.	Dos situaciones de 4x3 con un comodín defensivo (CD), que intenta compensar la inferioridad alternadamente en cada uno de los sectores de acuerdo al desequilibrio que produce cada ofensiva.	Dos situaciones de 4x3 con un comodín ofensivo (CO) que intenta colaborar alternativamente en los ataques, dando prioridad a ser apoyo en los momentos más espesos de cada superioridad.
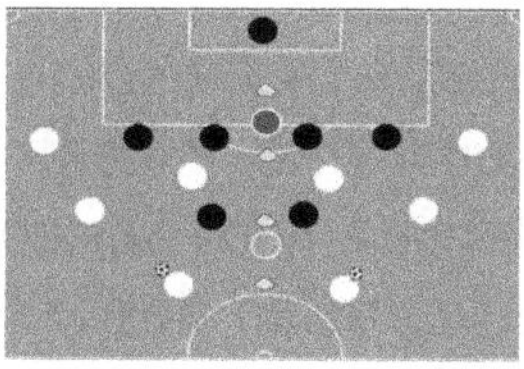 Se juegan ambas situaciones de 4x3 + 1CD + 1CO, lo que permite de formas variables: situaciones de 4x4, 5x3 y 5x4.	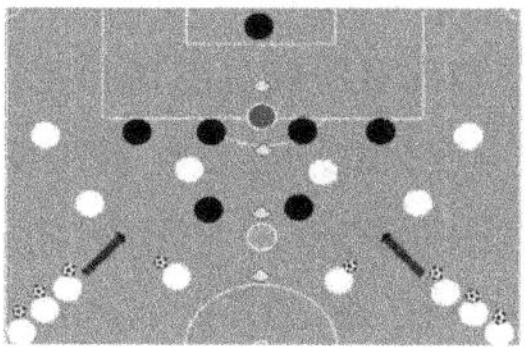 Se juegan ambas situaciones de 4x3 + 1CD + 1CO, a lo que se agrega el ingreso de un jugador que con balón progresa hasta la fijación de un oponente y busca el apoyo libre (en cada ingreso se juega con dos balones, entre ingreso e ingreso se continúa con un balón).	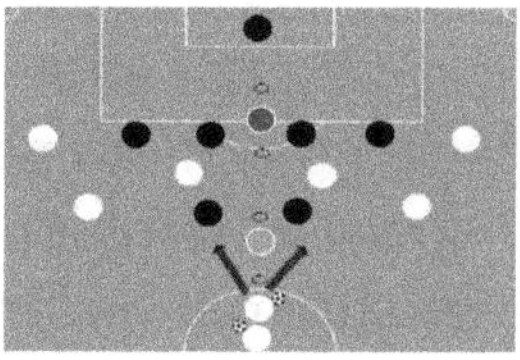 Ídem al anterior, solo que los ingresos del jugador con balón se producen desde el centro y en orden aleatorio (cada jugador ingresa al espacio que quiere, de acuerdo a lo que percibe de cada espacio).
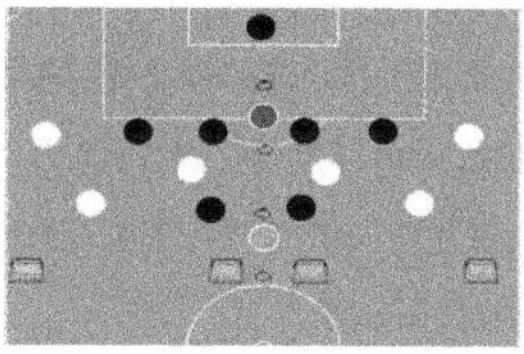 Incorporamos la fase de ataque para los defensores con gol en miniporterías (el gol vale doble si lo consiguen en las del campo opuesto).	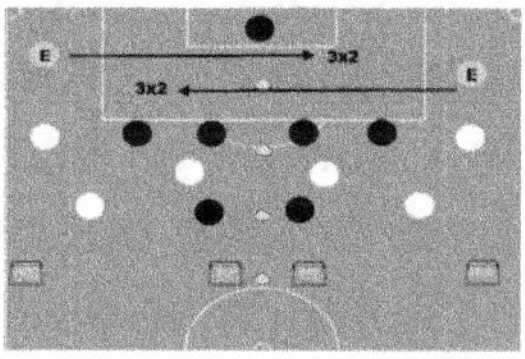 4x3 con detenciones alternadas del juego para recibir el envío del lado contrario, aéreo o rasante, y jugar un 3x2 para luego retomar el juego donde había quedado el balón.	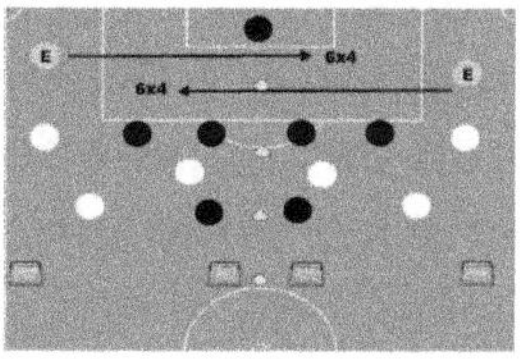 4x3 con detenciones alternadas para recibir ambos envíos (uno aéreo y otro rasante), para jugar en el área un 6x4 y finalmente regresar a cada uno de los 4x3.

2.8. Los laterales en una defensa de bloque bajo

Recuerda que si el bloque bajo funciona de forma eficiente, el equipo rival por inercia terminará enviando centros al área. Por regla general, puedes armar línea de cuatro defensores cuando tus marcadores laterales tienen un juego aéreo respetable. Cuando ello no ocurre tienes algunas alternativas:

1) Línea de cuatro conformada por todos zagueros centrales.

2) Línea de cuatro conformada por tres zagueros centrales y un marcador de punta (cuando el equipo rival tiene un extremo con buena capacidad de envíos en forma de centro y otro no). También cuando los porcentajes de envíos de centros superan en un 20%, o más, los que se envían desde la otra banda.

3) Línea de cinco conformada por dos marcadores laterales y tres marcadores centrales.

4) Línea de cinco conformada por cuatro zagueros centrales y un marcador de punta (símil al punto 3).

Puede ocurrir de tener un bloque bajo que funciona a la perfección en el juego posicional de circulación del rival, pero que, solo por un detalle (poner los grandes cabeceadores emparejados con los marcadores de punta), se complique el juego: como ocurrió, por ejemplo, en el duelo **Ronaldo-Juanfran** en un partido de Champions League entre Juventus y Atlético de Madrid. Este detalle puede abortar de un solo envío todo el resto de la planificación defensiva.

Cuando pones a tus cabeceadores emparejados con los marcadores laterales puedes atraer a los centrales (a veces inconscientemente) y así fijar dos defensores fuera del eje del central de la portería, permitiendo así la invasión de ese espacio por nuevos cabeceadores sorpresivos.

2.9. ¿CUÁL ES LA CARACTERÍSTICA DEFENSIVA DE LOS MEDIOCAMPISTAS QUE DEFIENDEN BLOQUE BAJO?

Mediocampistas exteriores: disuasión/blocaje de pases a interior y/o envíos al área (no queremos que el balón llegue a la zona 14).

Mediocampistas interiores: anticipación al posible receptor, evitar perder su espacio por detrás, eventualmente lograr que el balón vuelva a la periferia sin que ese pase gane una espalda de un defensor lateral (si llega a zona 14 queremos que salga pronto de ella).

Si unos se encargan de que el balón llegue poco dentro de la red defensiva y los otros que, una vez que llegue, la pierdan casi sin tocarla o sean pocos productivos con ella, las colaboraciones defensivas desalientan cualquier construcción futbolística.

2.10. LAS "ESPALDAS" EN UN BLOQUE BAJO

La espalda es el espacio que hay entre líneas defensivas.

En un bloque bajo suelen haber tres espaldas (excepto algunas expresiones radicalizadas que defienden en dos líneas):

1) **Primera espalda o espalda menor:** es aquel espacio que queda entre la primera línea defensiva (generalmente delanteros) y la segunda línea defensiva (generalmente mediocampistas). Ya no existe más el concepto antiguo sobre los delanteros que "debían dar una mano en defensa". El fútbol actual no lo resiste más. "Dar una mano" parece un concepto de caridad. No hay esforzados y caritativos, tampoco beneficencia. Todos defienden con igual esfuerzo e intensidad porque todos son parte de lo mismo: un equipo (vale lo mismo para porteros y defensores en la construcción del juego).

Esta espalda descuidó Corea del Sur, en su final 2019 del Mundial Sub 20, frente a Ucrania. Posicionados en un 5-3-2 en el bloque bajo, la primera línea defensiva se encontraba a mayor distancia de la segunda línea que esta de la tercera. Ucrania, en salida con tres defensores centrales, lograba atraer a los delanteros y superarlos con facilidad conectando al mediocentro e interiores, jugadores que a la vez no eran presionados por la segunda línea defensiva al tener escasos componentes. Se observó en dichas situaciones una suerte de desaprovechamiento del trabajo asociado de dos líneas defensivas.

Esta espalda es la que no supo (¿no pudo?, ¿no quiso?) utilizar España frente a Rusia en el Mundial 2018, cada vez que Busquets se localizó tras ella. Y cuando finalmente se produjo el apoyo, la forma de estar perfilado de Busquets no permitió el avance para que se tradujera en el rompimiento de la línea defensiva siguiente (en el escaso espacio existente, Busquets no tenía otra forma de orientarse).

Esta espalda no tuvo problemas en ofrecer Valencia a Barcelona en la final de la Copa del Rey 2019, permitiendo que dos mediocampistas (Arthur y Rakitic) se coloquen en ese espacio. Contrariamente al partido que jugó España contra Rusia, no ha sido Busquets quien ha ocupado este espacio (¿Valverde habrá analizado su escasa participación y por ello lo hundió entre los centrales para ser el iniciador de la sali-

da? ¿Busquets habrá manifestado inconformidad para jugar en ese espacio? No lo sabemos).

2) Segunda espalda o espalda mediana: es aquel espacio que queda entre la segunda línea defensiva (generalmente mediocampistas) y la tercera línea defensiva (generalmente defensores)

Esta espalda es la que no supo (¿no pudo?, ¿no quiso?) utilizar España frente a Rusia en el Mundial 2018, cada vez que Silva se localizó tras ella. Y cuando finalmente se produjo el apoyo, Silva no pudo encadenar con la espalda siguiente (la que debía utilizar Costa –o algún mediocampista que desdoble o un lateral atacando como interior-, harto de luchar en desmarques de inferioridad, donde los cambios de oponente entre los centrales facilitaban su absorción defensiva).

El único remate desde zona 14 (cuadrado de oro) de Tottenham en el primer tiempo de la final de la Champions League fue realizado por Eriksen y conseguido merced a que Liverpool, en su reorganización defensiva (pero con todo el equipo en su mitad), perdió esta espalda.

3) Tercera espalda o espalda mayor: es aquel espacio que queda entre la tercera línea defensiva (generalmente defensores) y el portero. Esta es la espalda que ataca estratégicamente Manchester City poniendo balones cruzados. Lo hace para:

a)   ganar en primera intención esa espalda.

b)   para ganar un segundo balón.

c)   para agrandar los espacios entre la segunda y la tercera espalda (ya que los jugadores de esta línea defensiva retrocederán intuitivamente ante el inminente peligro que sienten a sus espaldas con esos lanzamientos).

Esta es la espalda sobre la cual el Liverpool de **Klopp** es experto en atacar: porque suele ser muy preciso en la colocación de los pases, porque sus jugadores atacan los espacios con velocidad e inteligencia y, además, porque Liverpool ataca esta espalda sin permitir que esta línea defensiva (tampoco las otras) se estructure del todo.

Sin referencias claras en el área por ausencia de Suárez en Barcelona (y ningún otro centroatacante que lo reemplace), Valencia no tuvo inconvenientes para defender esta espalda en la final de Copa del Rey 2019.

Nadie buscaría tanto atacar esta espalda si en verdad no fuera determinante para ganar un partido. Y como es tan determinante, se entiende que muchos equipos quieran protegerla disponiendo un bloque bajo como solución defensiva posible (aunque no perfecta).

2.11. EL NIVEL DE GRAVEDAD SEGÚN LA ESPALDA QUE SE PIERDE

"Este juego consiste en ir generando superioridades a la espalda de la línea que te aprieta. Todo es más fácil si la primera salida de balón es limpia", solía explicar el entrenador **Juan Manuel Lillo**. Pero, el bloque bajo odia perder espaldas y hace lo imposible coordinativamente intra e interlíneas para que ello no ocurra.

Por regla general **no debe perderse ninguna espalda**. Una cosa es perder la primera espalda (donde quedan otras dos como soporte) y otra muy diferente es la tercera espalda (donde solo queda el portero). Si ha de perderse alguna espalda, deben ser en el orden natural:

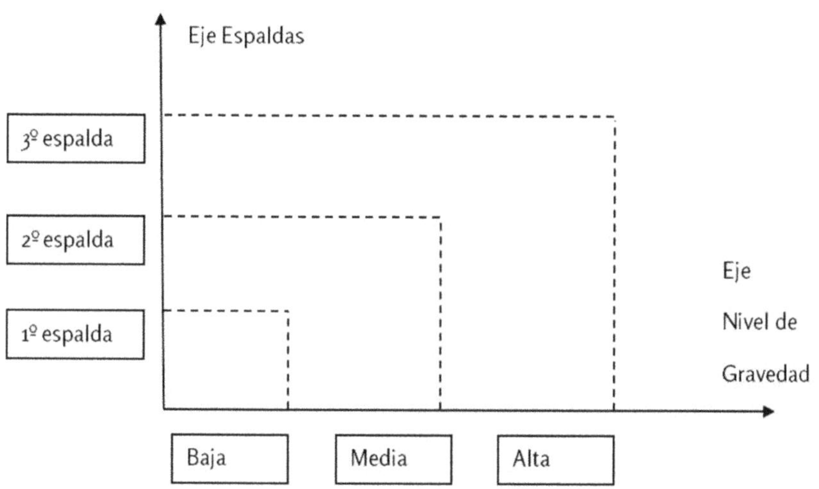

¿Entenderlo con un ejemplo?

Valencia obsequió la primera espalda al Barcelona en la final de Copa del Rey 2019 y ello no le había ocasionado problema. Tardó 17 minutos en perder por vez primera la segunda espalda y no es nada casual que coincida con la primera jugada de peligro obtenida por Barcelona con un remate de Messi. Solo volvió a perder esa espalda dos veces más en el primer tiempo y ambas fueron sobre el final (sendos remates desde afuera del área de Messi y Rakitic).

2.12. LAS "ESPALDAS" COMO CARNADA PARA UNA TRAMPA DEFENSIVA

Al igual que cualquier intención táctica que busca evitar una determinada acción del oponente, usted puede dar las facilidades para que ello efectivamente ocurra, para que el oponente crea que los ha vulnerado, para que el oponente caiga en su trampa.

Por regla general cuanto menos espaldas se pierdan: mucho mejor. Pero es lo obvio. Y para ganar es necesario tomar

ciertos riesgos (medidos, calculados, entrenados) que aporten patrones disruptivos al juego.

Cuando uno juega a lo obvio, **"yo sé lo que hago y el rival sabe lo que hago"**.

Cuando a lo obvio le entrego un nuevo patrón, por una determinada cantidad de tiempo (que puede durar desde una situación de juego aislada -1- a todo un partido -decenas de repeticiones-) **"yo sé lo que hago y el rival aún no sabe lo que hago"**.

¿Jugamos a no perder las espaldas? OK.

¿Qué pasa si jugamos a perder las espaldas intencionalmente? Normalmente, cuando uno se permite el juego intelectual del "¿qué pasa si...?": se abren cataratas de ideas.

¿Qué pasa si jugamos a perder las espaldas intencionalmente? Podemos diseñar nuevas redes dentro de la red. Por ejemplo: quitarle el balón por un jugador que aparece a sus espaldas o realizar doblajes a un jugador atacándolo por delante y por detrás.

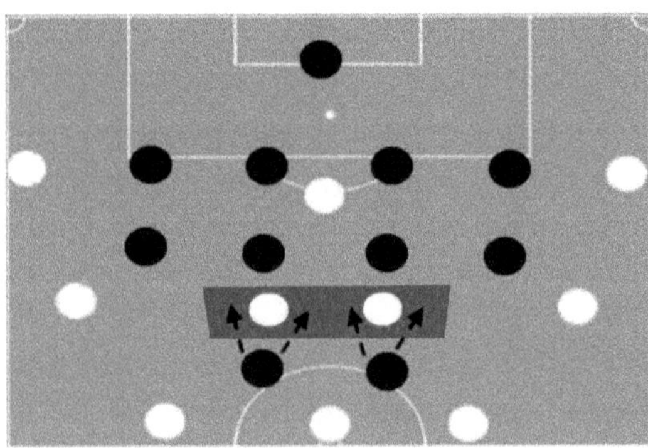

¿Qué pasa si jugamos a perder las espaldas intencionalmente? Tomamos riesgos. ¿Cuánto riesgo? Proporcional a la espalda que piensa ofrecer. Para este punto vale el cuadro dibujado en el punto anterior.

Valencia obsequió la primera espalda en la final de Copa del Rey 2019 con Barcelona. Detrás de esta decisión, se supone, hubo razones de orden táctico: defensivamente una menor preocupación por el ruido interno (ese partido no jugó Luis Suarez) y ofensivamente un mejor posicionamiento de la primera línea defensiva para transformarse en la primera oleada del contraataque (o apoyos para la segunda).

2.13. LAS LÍNEAS DEFENSIVAS NO SON SOLO HORIZONTALES, ASÍ COMO LOS PASES FILTRADOS NO SON SOLO VERTICALES

Este concepto viene a cuento de una formación integral y completa del jugador que defiende bloque bajo (o bloque medio bajo). Esa formación tiene una premisa básica: siempre hay una función defensiva. O defiendes la periferia, o defiendes el interior. Los pases no se filtran solo verticalmente: sino preguntémosle a los equipos que tuvieron que defender a **Alexander-Arnold** del Liverpool, que es un experto en filtrar pases horizontales al área: filtrando pases horizontales a **Firmino** definieron la semifinal y la final de Mundial de Clubes).

Las primeras líneas defensivas son tres:

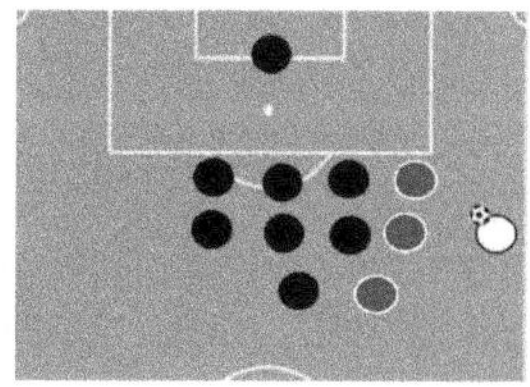

1ra línea defensiva frontal	1ra línea defensiva lateral derecha	1ra línea defensiva lateral izquierda

Cuando el jugador comprende, asimila y ejecuta este concepto: está defendiendo siempre (y además está defendiendo lo que corresponde defender). A veces periférico, a veces interior, pero siempre defendiendo.

2.14. EL EFECTO CASCADA

El efecto cascada es una fórmula que le otorga una movilidad planificada a la composición de las líneas defensivas. Básicamente, consiste en retrasar jugadores una línea respecto de su línea original.

*Liverpool en determinados momentos de la final de Champions League 2018/2019 frente a Tottenham realizó un movimiento de **doble cascada exterior**: bajó a la segunda línea defensiva a Mané y Salah, ubicándolos por bandas y quedando en una configuración momentánea de bloque bajo o medio-bajo en 4-5-1 (alternando con el tradicional 4-3-3 cuando va por la presión alta). Como se puede apreciar las dos piezas más flexibles, tácticamente, del esquema defensivo de Liverpool no son jugadores de naturaleza defensiva. Tan automatizado está el movimiento que cuando Salah no pudo regresar, su espacio fue ocupado instantáneamente por Origi (que había reemplazado a Firmino). En esa conformación la "red defensiva" llegó a ganar superioridades numéricas extremas de 10x2 en el interior de la misma.*

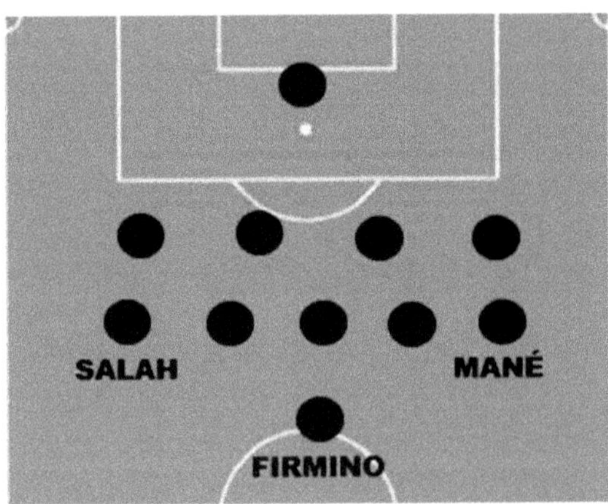

La doble cascada también la utilizó Francia para posicionarse en algunos momentos en bloque bajo frente a Croacia en la final del Mundial 2018. Solo hay que cambiar de nom-

*bres: los que bajaban a incrustarse en la segunda línea defensiva eran **Mbappé** y **Griezmann**, dejando a **Giroud** como primera línea (aunque también Giroud supo conformar la segunda línea y dejar más adelantado a Griezmann). Francia en su armado de bloque bajo es más flexible, estructuralmente, que Liverpool porque no solo cambia de nombres para el 4-5-1, sino que también se lo puede ver en 4-4-2 (con tendencia a la cascada del lado de Mbappé) y en 4-3-3.*

Así también, un 4-4-2 puede mutar a un 4-5-1 o hacia un 5-3-2 y hasta a un 5-4-1. Potenciado defensivamente el eje del campo, el efecto cascada busca atenuar las debilidades que más se pueden llegar a encontrar en un bloque bajo.

Básicamente tiene dos pretensiones:

1) La más simple de coordinar: cuando en la libertad periférica no se quieren obsequiar, además de los obvios espacios por dentro, tampoco los espacios por banda (para disuadir una de las debilidades del bloque bajo concentrado por dentro: los envíos en forma de centro). Pero además tiene una segunda propiedad: al fallar la primera intención (disuadir el centro), en el área tenemos a disposición dos componentes más para defenderlo con éxito (uno por cada línea defensiva).

Una vez que el balón regresa hacia atrás en la circulación periférica, el jugador de lado contrario vuelve a su línea original.

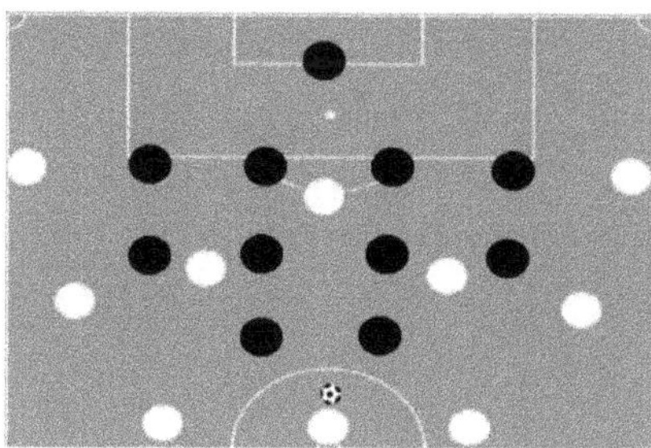

Algunos de estos comportamientos defensivos expresó Real Madrid en uno de los duelos por La Liga 2019-2020

frente al Barcelona (0-0). Con balón en lado opuesto, Bale se integraba a la última línea defensiva.

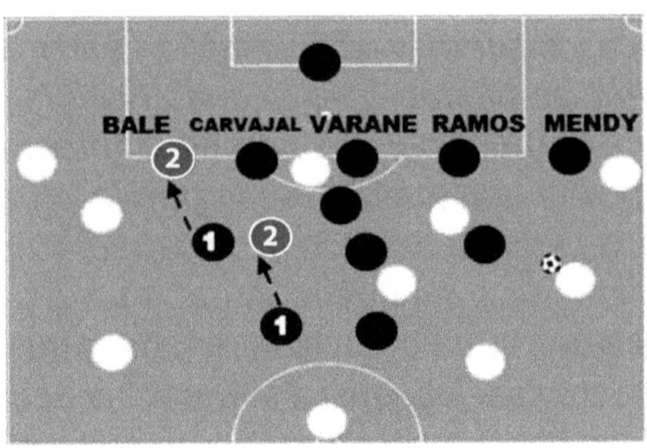

2) La más difícil de coordinar: compensar transitoriamente la pérdida de espaldas. Básicamente, consiste en bajar una pieza de los componentes de la espalda perdida para que dos jugadores puedan ajustar su densidad defensiva, para repeler ese elemento que ganó la espalda. De esta forma, con las ayudas defensivas orientadas en dirección del espacio perdido, evitamos las situaciones 2x1 en banda (con las posibilidades de centro o pase atrás hacia el área) y 3x2. Los defensores deberán ir hacia las ayudas con total naturalidad sabiendo que en la mecanización del movimiento defensivo bajará de forma automática un componente de la línea defensiva anterior.

Por ejemplo, si es la segunda espalda que se pierde, un componente de la segunda línea defensiva, del lado más alejado a la invasión, se integra a la tercera línea defensiva (donde los componentes basculan para las ayudas defensivas). Una vez que el jugador que invade recupera su lugar original o vuelve el balón hacia atrás: ese jugador recupera su posición en la línea original.

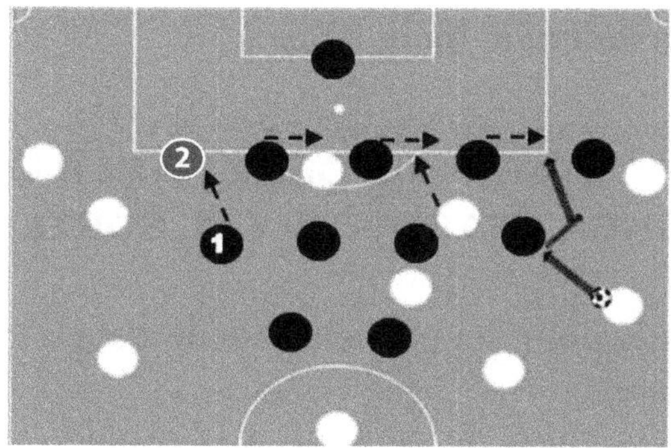

2.15. Todos los bloques bajos bien defendidos terminan en.....centro al área

Los equipos en negrilla son los que defendieron bloque bajo con éxito y obligaron al equipo rival al envío de centros.

River Plate – **Boca Juniors** por la Superliga Argentina terminó con 26 centros de River y una efectividad de 26,9%. Resultado: 0-0.

Final de Barcelona-**Valencia** en la final de la Copa del Rey. Atlas-**Toluca** en México. Emelec-**Olmedo** en Ecuador. Tottenham-**Ajax** en el partido de ida de Champions League. Manchester United-**Barcelona** en partido de ida de Champions League (en el cual Piqué se luce ante tantos envíos aéreos). Napoli-**Torino** en el Calcio. Tottenham-**Newcastle** por Premier League. Racing-**Unión de Santa Fe** por la Superliga Argentina. RCD Español-**Stjarman** de Islandia por Europa League. Suecia-**Corea** en Mundial 2018. La lista es infinita.

Frente a un momento de bloque bajo 4-5-1 de Liverpool, Tottenham en la final de Champions League, y luego de un preciso cambio de orientación, ejecutó tres centros en una misma jugada con superioridad defensiva en el área creciente: 3x2, 8x4 y nuevamente 8x4.

¿Un equipo termina con récords de centros? Seguramente su oponente defendió bloque bajo.

2.16. ¿QUÉ DISTANCIA DEBE HABER ENTRE LA ÚLTIMA LÍNEA DEFENSIVA Y EL PORTERO?

La distancia debe ser elegida de acuerdo a la combinación de tres factores:

1) La más chica de acuerdo a la espalda del defensor más débil.

2) La más chica de acuerdo al delantero más poderoso para atacarla.

3) La más grande de acuerdo a la capacidad del portero de llegar a tiempo en ese espacio.

2.17. NUNCA HAY QUE ENAMORARSE DEL BALÓN

Los atacantes ganan las espaldas cuando quienes defienden se enamoran del balón. A mis jugadores solía decirles lo siguiente:

1) Si miras solo tu oponente, te pierdes el balón.

2) Si miras solo el balón, te pierdes tu oponente (generalmente el par ofensivo). Si pierdes tu oponente, desmarca libremente hacia donde guste.

3) Debes tener una ubicación que te permita estar en continuo escaneo balón – par ofensivo sin balón.

El enamoramiento del balón enceguece, atrae por demás y provoca el atracón del rival: "te come la espalda".

En la semifinal de Europa League 2018/2019 el segundo gol de Valencia llega gracias a una combinación perfecta entre un pase filtrado de Dani Parejo (estos jugadores deben estar siempre con balón tapado) y un desmarque de ruptura en diagonal del extremo "comiendo" la espalda de su mar-

cador, más pendiente de lo que iría a ejecutar Parejo que de su marcaje (la orientación corporal es un indicio de ello).

2.18. LOS "GENIALES" ANTE BLOQUE BAJO

El bloque bajo también ha sido una evolución para defender a los "geniales" (y a los casi geniales). Ya no son necesarias esas marcas individuales al estilo **Reyna** de Perú marcando a **Maradona** durante todo el juego (olvidándose incluso de sus tareas ofensivas). La innovación defensiva parece acelerarse respecto de la ofensiva. En básquetbol, por ejemplo, **Bozidar Majkovic** dice: "Hay 12 diferentes defensas contra el bloqueo directo, pero no hay variedad en el ataque".

A los jugadores como **Messi** no les gusta quedar atrapados en la red. Porque a veces hasta quedan atrapados sin siquiera recibir el balón (cuesta encontrar espacios donde filtrar pases). Al detectar este tipo de jugadores geniales que el juego se espesa, y donde la ausencia de contacto con el balón se acrecienta (este tipo de jugadores tienen adicción al balón), tienden a salir del interior de la red para transformarse en una especie de armador central de balonmano o un *play maker* de básquetbol (*Messi en el Mundial 2018 ha llegado a tener a los once jugadores del equipo islandés de frente*). Cuando ello ocurre el bloque bajo se anota una medalla de éxito: lleva al mejor jugador rival entre 10 y 20 metros más lejos de su portería que su ubicación inicial. Cuidado aquí: el retiro de los geniales hacia la periferia tiene la intención de hacer fluir el juego, pero también lo utilizan como propia herramienta para poder llegar al gol, generalmente a través de filtrar pases, que sus compañeros no pueden filtrar, correr al interior para recibir el balón rebotado y disponer del balón para:

1) Solo frente a la última línea defensiva rematar.
2) Jugar un 1x1.
3) Filtrar el último pase a la última espalda defensiva.

En ese salirse de la red, los geniales lo hacen por "generosidad" (quieren mejorar a su equipo) tanto como por "egoísmo" (quieren mejorarse a sí mismos). Ocurre que al mejorar a su equipo, mejoran ellos mismos. Y al mejorarse a sí mismos, mejoran al equipo.

¿Siempre lo consiguen? A veces la disposición defensiva en bloque bajo es tan dinámicamente coordinada que los "geniales" no llegan a influir en el interior (como falso nueve por ejemplo), ni en el exterior (como extremos), ni tampoco en las dinámicas afuera-adentro o adentro-afuera.

Pero siempre tengan en cuenta que los "geniales" encienden su chispa inventiva ante cualquier rival, en cualquier momento y ante cualquier situación. Como entrenador puedes sentirte maravillado por el control que has tenido de estos jugadores y en el último segundo del juego desarman todo lo que habías elaborado, haciendo pasar tu estado de ánimo del orgullo a la decepción en cuestión de segundos (y tu táctica de perfecta a ineficaz).

Si tienes "miedo" que esto último ocurra sobre el final del juego, la forma más extrema de defender a los "geniales" es una defensa mixta: bloque bajo en zona más marcaje individual al "genial". Una defensa para aplicar solo en casos extremos (por ejemplo, últimos minutos del juego con el sistema defensivo agotado y por su mismo agotamiento, disminución de la coordinación intralínea e interlíneas).

También puedes comenzar con el bloque bajo y al "sentir" que el genial empezó a fluir, destinarle una marca personal para apagar ese inicio de fluidez (cuando los genios fluyen, de los genios se desprenden obras maestras). Al volver a "sentir" que se apaga (con todo el riesgo de tener una percepción equivocada): abandonar la defensa mixta.

Aclaración: el concepto "genial" que describe a **Messi** no debe ser entendido de forma unívoca. Messi y solo Messi. En cada competencia, nivel o liga existen los "geniales" de acuerdo al nivel promedio de cada una de esas ligas.

*Uno de los "geniales" (en construcción del juego) para Tottenham es **Eriksen**. En la final de Champions League frente a Liverpool también llegó a tener en alguna oportunidad los once rivales de frente (lo cual suponía un 8x11 total y un 5x10 en el interior de la red).*

2.19. Coeficiente de espacios en la red

Como se aprecian en los gráficos anteriores, las redes suelen representar, en su trama, espacios de simetría. Atrapan siempre los mismos peces, se le escapan siempre los mismos peces. Y en el fútbol hay peces que son menos interesantes de pescar que otros. O menos importantes, o menos decisivos. No es lo mismo atrapar un Messi que otro jugador con menos capacidad de desequilibrio. Por lo cual, el concepto de simetría tradicional debe ir mutando hacia el de **asimetrías inteligentes**. A diferencia de los peces, en fútbol, diseñar los espacios interiores entre los nudos (jugadores), por regla general será menor el espacio de la red en la zona del pez más grande y más grande por el pez más chico.

Consideraciones:
1) Cada espacio interior en la red debe ser considerado como una celda que busca "encerrar" determinados jugado-

res en detrimento de otros. Cada espacio interior de la red es un posible espacio para realizar una caja de presión.

2) De ser posible cada jugador rival deberá tener:

a) QUIÉN. Tener asignado un "tamaño de espacio" de acuerdo a su valoración de relevancia en el juego (aunque cada vez menos por la cantidad de información que entregan las métricas del Big Data, puede ser distinta según la interpretación de cada entrenador).

b) DÓNDE I. Ese tamaño de espacio para ese jugador deberá ser flexible, adaptativamente, si ese jugador se encuentra en sus zonas de mayor o menor eficacia.

c) DÓNDE II. Ese tamaño de espacio para ese jugador deberá ser flexible, adaptativamente, si ese jugador se encuentra en zonas donde hay más o menos posibilidades que le pasen el balón.

DÓNDE + QUIÉN. Ese tamaño de espacio para ese jugador deberá ser flexible, adaptativamente, si ese jugador se encuentra en zonas donde hay más o menos posibilidades que le pasen el balón y quiénes son los posibles pasadores de ese balón.

En definitiva, lo que busca el coeficiente de espacios en la red es determinar, de la manera más correcta posible, como han de jugar esos espacios interiores según oponentes, balón y espacio. Como vemos, no se trata de una **"red estática"** que se mueve sin deformarse, sino de una **"red dinámica"** que vive procesos de adaptación constante.

Los entrenadores que trabajan en base a "redes estáticas" (no importa aquí que tan bien coordinados estén los elementos de esa red) construyen jugadores autómatas, meros replicantes de situaciones defensivas, coherentes con la forma elegida de defender, pero descontextualizados de las características del oponente.

Los entrenadores que trabajan en base a "redes dinámicas" construyen jugadores inteligentes y adaptativos, pero, muy especialmente, que trabajan sus vínculos defensivos en relación a las características del oponente.

Las redes estáticas no permiten una evolución en la comprensión del juego. Las redes dinámicas sí. Las primeras son una receta universal. Las segundas son una creación individual para cada juego. Las primeras son industriales. Las segundas son artesanales.

2.20. Comportamiento elástico

Las redes estáticas son rígidas, las redes dinámicas son flexibles. En este punto es necesario tomar conocimientos de otras disciplinas, la química por ejemplo. Son las redes dinámicas las que permiten el comportamiento elástico facilitando la reversibilidad: si se suprimen las fuerzas que provocan la deformación, el sólido vuelve a la posición inicial. ¿Qué ocurre con determinadas estructuras que carecen de comportamiento elástico? Se rompen. Lo mismo ocurre con las estructuras defensivas.

Estamos hablando aquí del comportamiento **elástico autoinducido.** Al ser autoinducido es menos probable llegar al "límite elástico", esa tensión máxima que intenta provocar un oponente para lograr una deformación permanente (aquí se considera deformación permanente a aquella que permite una grieta o espacio que propicie la situación que deviene en gol. Luego del gol del oponente recuperas tus formas, pero el daño ya está consumado). En tu **elasticidad proactiva** intentas evitar el rompimiento que te provocará el límite de tensión reactivo que induce tu adversario.

¿Es muy exagerado acudir a la química para analizar el fútbol? Si te conformas con poco, sí. Si siempre vas en busca de nuevas preguntas para encontrar nuevas respuestas, por supuesto que no.

2.21. Libertad periférica

Todo equipo que defienda bloque bajo debe determinar lo que llamo **libertad periférica**, es decir cuantos metros de libertad se piensa otorgar entre el límite externo del conglomerado defensivo y la línea de costado. Uno de los equipos que suele otorgar libertad periférica es el Atlético de Madrid de **Simeone**, valorando más la densidad defensiva por dentro. Esa densidad defensiva por dentro permite, a la vez, mayor cantidad de blocajes de remates del oponente. Boca Juniors con **Alfaro** (2019) también priorizó este tipo de ocupación del espacio en alguna oportunidad frente a River Plate.

Como toda decisión ofensiva tiene implicancias defensivas, las decisiones defensivas tienen implicancias ofensivas. También en la libertad periférica. El mismísimo **Arrigo Sacchi** en el Milan utilizaba este concepto como señuelo. Cierta "libertad" inicial en las bandas y luego presión en los carriles laterales para recuperar el balón.

La libertad periférica se resuelve realizando un análisis holístico de la resultante de las tensiones externas y las tensiones internas.

Entre las **tensiones externas** tenemos:

1) ¿Quiénes? Extremos, volantes exteriores, marcadores laterales.

2) ¿Qué? Centros, pases entre líneas, apoyos y desmarques, permutas de carril, 1x1, etc.

3) ¿Dónde? Al interior del área, al carril opuesto, etc.

Entre las **tensiones internas** tenemos:

1) ¿Quiénes? Centroatacantes, enlaces, interiores, mediocentros, defensores centrales que invaden espacios, etc.

2) ¿Qué? Cabeceos, desmarques de ruptura, remates a larga, media y corta distancia, 1x1, etc.

3) ¿Dónde? El área, inmediaciones del área.

Por regla general, cuando las tensiones internas son superiores a las externas, la red tenderá a autoprotegerse hacia dentro. Por el contrario, cuando las tensiones externas se interpreten superiores a las internas, la necesidad de ampliar la red se hace evidente.

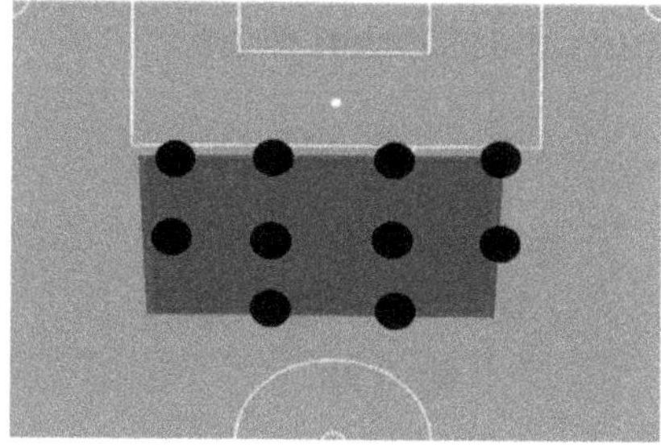 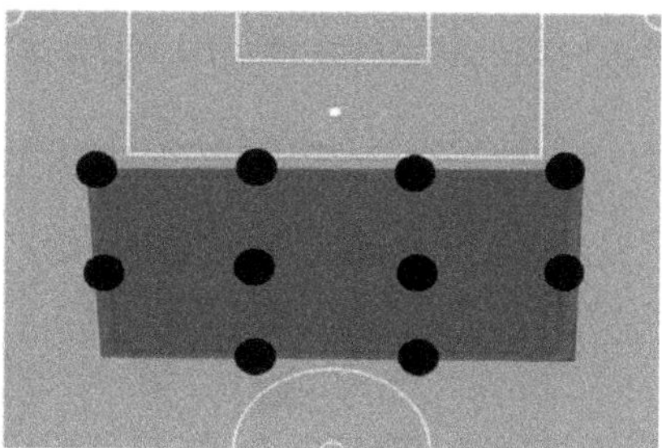

Aquí, una vez más, es necesario salir de las uniformidades y simetrías: un entrenador inteligente, analítico y heurístico puede detectar más tensiones internas de un lado (un interior con capacidad de llegada con balón, pases entre líneas o ataques al espacio muy diferente al otro, que solo le da continuidad a la circulación del balón).

La calidad de los interiores provoca mayor o menor tensión interna (permitiendo diferencias de densidad defensiva y basculaciones hacia cada lado, dependiendo de la calidad de un interior con muchos o pocos atributos).

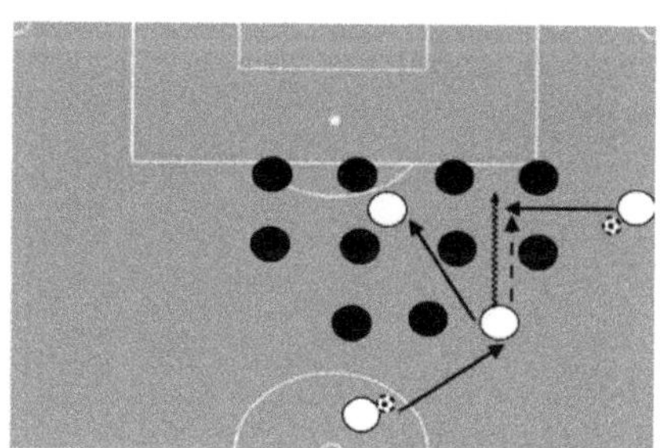 

La calidad de los extremos provoca mayor o menor tensión externa. No es lo mismo un extremo con buen 1x1, desborde, asistencias al área por tierra y aire, pases a los interiores que desdoblan, que un extremo que no tenga todas esas cualidades. Del lado del extremo más débil, el marcaje tendrá menos proximidad, el doblaje será menos necesario, el zaguero central estará menos pendiente de la cobertura, la basculación será menos pronunciada y la densidad defensiva menos congestionada. En ese caso, hará más elástica su red hacia fuera en un lado y menos elástica en el otro.

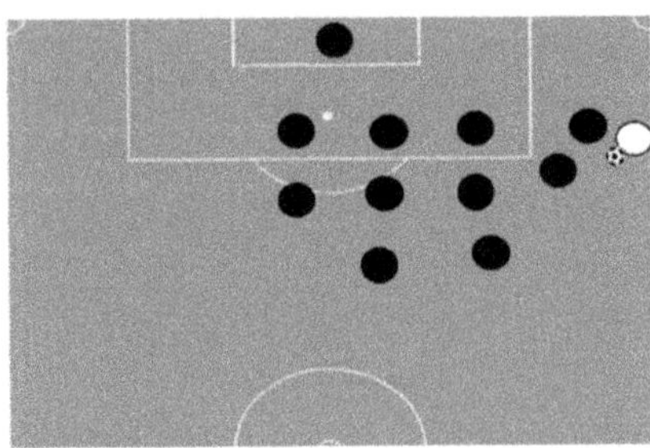 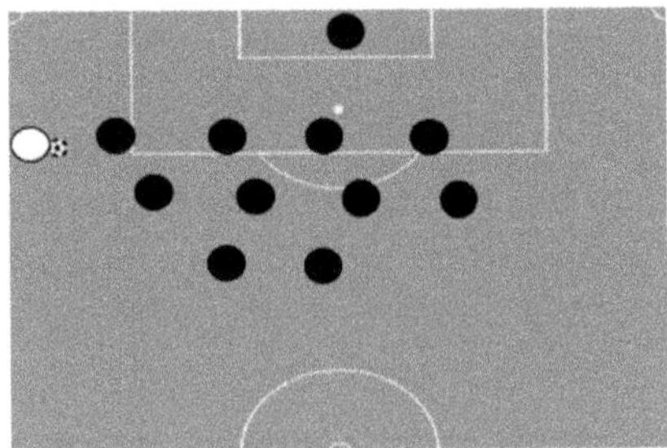

Este análisis realizado con los interiores y los extremos debe ser realizado con cada uno de los jugadores que componen el equipo. Solo una vez realizado este análisis puede determinar un equipo su nivel de libertad periférica, metros de amplitud y profundidad defendida y densidades defensivas variables.

Hay más aún. No solo por la calidad e influencia individual ha de determinarse todos los parámetros anteriores. También basado en las fortalezas y debilidades de las sociedades. Lo relacional es muy importante aquí.

Veamos solo un caso: los extremos.

1) Extremo – Interior
2) Extremo – Centroatacante
3) Extremo – Lateral
4) Extremo – Lateral – Interior
5) Extremo – Interior – Centroatacante
6) Extremo – Lateral – Centroatacante

Este análisis de las sociedades y relaciones debe hacerse con cada uno de los componentes del equipo.

Solo así se puede construir un bloque bajo de autor y personalizado ante cada oponente.

En la semifinal de vuelta de Champions 2010, el Inter de Mourinho valoró el control interior de la red y Barcelona cayó en una trampa. No terminó de generar tensión exterior, con lo cual jamás pudo pasar a una fase de tensión interior. La superioridad numérica +1 (por expulsión de Motta) en el interior de la red casi siempre fue una inferioridad ofensiva hasta -6 (Dani Alves, Touré, Xavi, Piqué, Busquets, Maxwell y Pedro jugando por fuera de la red). Pero a veces hasta Messi y Keita salían del interior de la red como en el minuto 57´ del juego.

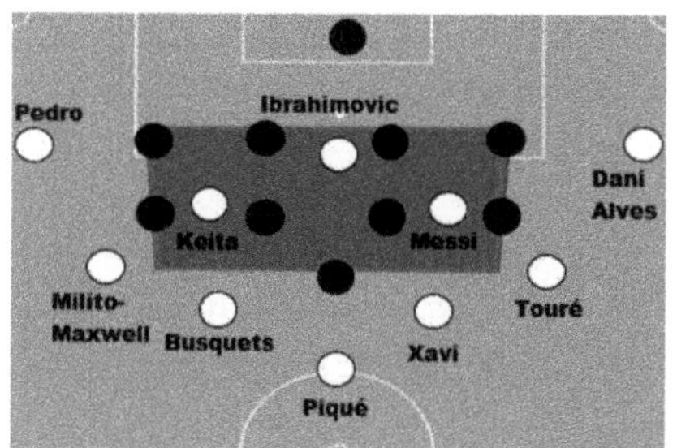

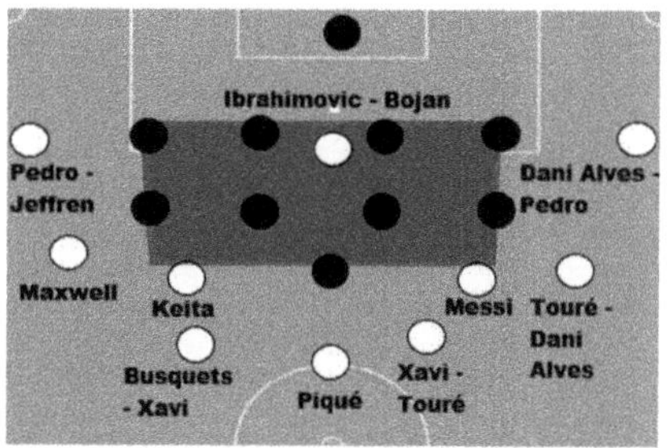

Esto permitía una fluidez de circulación de balón periférica pero una nulidad de circulación interior (en la soledad para recibir por dentro de Ibrahimovic terminó siendo fácilmente absorbido por los marcadores centrales). Sumado a esto, emparejar a Maxwell con Milito. Este jugador, de una aplicación táctica envidiable y de un esfuerzo sin límites, debía quedar emparejado con un jugador de mayor resolución en el uno contra uno y en la invasión de los espacios a sus espaldas).

Las superioridades numéricas no dicen nada en sí mismas si no se ven traducidas en verdaderas superioridades en el juego. Inter, merced a su coordinada tarea en bloque bajo, ni siquiera necesitó apelar a las infracciones, rubro en el cual hasta cometió menos (14-20).

A España, aunque en igualdad numérica, le ocurrieron acontecimientos similares frente a Rusia en el Mundial 2018 (en los casos más extremos Jordi Alba, Ramos, Piqué, Bus-

quets, Koke, Nacho y Asensio por fuera de la red) con una inferioridad -7 en el interior de la red (Solo Isco, Silva y Costa). En esos casos habituales inferioridad -5.

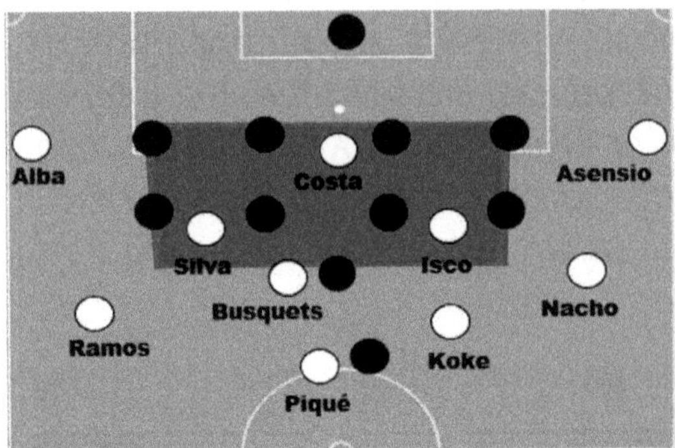

Pero no es que ocurrió solo un momento. Se repitió, con algunos cambios de nombres y posiciones (Carvajal por Nacho, Aspas por Costa, Isco a sector izquierdo, Asensio más interior) hasta en el suplementario.

Y lo que le sucedió a España o Barcelona también lo ha sufrido Bayern Munich frente a Atlético Madrid en semifinal de idea de Champions 2015/16: en el interior de la red en algunos momentos solo Arturo Vidal, Thiago y Lewandowski.

Cuando afuera es todo tuyo, adentro es todo del rival.

Impresiona ver como abundan las similitudes. Costa sufrió de la misma forma que sufrió Ibrahimovic. Lewandowski lo mismo que Costa e Ibrahimovic. A los 9 en solitario frente a bloque bajo los aqueja el mismo mal: **el mal del aislamiento cercano.** Todos sus compañeros se encuentran relativamente cerca para conectar, pero ninguno puede hacerlo de forma clara. Así, los 9 parece que juegan mal. Pero ¿juegan mal o su equipo los hace jugar mal? ¿Juegan mal o el rival los hace jugar mal? ¿Juegan mal o la conjunción del rival y su propio equipo los hace jugar mal?

2.22. La infracción como un organizador del bloque bajo

Hay dos formas principales de abortar una transición: la infracción (que entrega el tiempo para la organización defensiva) o el marcaje individual al hombre organizador.

Fue bastante sorprendente ver como Arsenal dejaba ejecutar con libertad cada uno de los papeles que De Bruyne se propuso en el duelo con Manchester City por Premier League 2019: fue organizador, asistidor y definidor. En el balonmano hay una regla muy clara que aplica al fútbol: a quien la "sube" (es obvio que la sube quien mejor capacidad tiene para subirla), hay que destinarle una marca para impedirle, retrasarle o disuadirle ese diseño rápido de la transición.

Importante: pensar cambios para penalizar quienes organizan su defensa a través de faltas que aborten transiciones. Penalizar con exclusiones temporales del juego al estilo rugby o balonmano, por ejemplo.

Las transiciones representan un momento de "belleza acelerada" del juego y el reglamento debe también cuidar de ellas.

2.23. Nadie puede meter un gol pateando al banderín del córner

La similitud defensiva del bloque bajo con el balonmano es innegable. Pero a diferencia de este, donde los extremos saltan desde las puntas para invadir el área y lanzar con un buen ángulo de tiro, en el fútbol esta situación no existe. Por lo cual, una pelota en el banderín del córner está lejos, por si misma, de transformarse en gol salvo aisladas excepciones. Ya lo dijo el entrenador **Xabier Azkargorta**: "El espacio más importante que hay en un campo de juego son las dos porterías. Es allí, cuando empiezas a enseñarle al defensor que si lo atacan por fuera, el objetivo sigue siendo terminar

por dentro, porque allí está el gol, el espacio más importante que hay en el juego".

En balonmano (¡donde los extremos pueden lanzar y anotar gol!) he tomado decisiones como entrenador de permitir cierta libertad en bandas: en la final de los Juegos Bonaerenses se decidió jugar marcación individual sobre el mejor jugador de ellos (que además era jugador de la Selección Argentina) y potenciar la defensa zonal hacia dentro (para que un segundo jugador trabajase en profundidad en caso que la marcación personal no rindiese frutos). Al dar resultados, el equipo rival decidió jugar con cambio portero-jugador para disponer de superioridad ofensiva +1 en cada ataque. Lo lógico hubiese sido abandonar el marcaje individual para no sentir la inferioridad en zonas más cercanas a la portería. Sin embargo, se sostuvo el marcaje individual y más aún: se decidió cerrar la defensa (al tener que marcar a un segundo pivote) y se sostuvo la idea de liberar a los extremos.

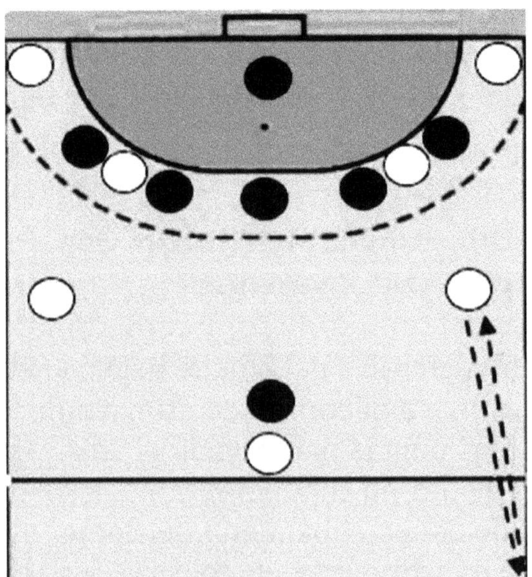

Piénsenlo de esta forma: si en balonmano y con inferioridad numérica -1 en jugadores de campo pudimos hacerlo con éxito (campeones), ¿cómo no se va a poder hacer en fútbol donde la superioridad numérica en el interior de la red es abrumadora?

Un balón en el banderín de córner, generalmente está condenado a:

1.   Enviar un centro (muy frecuente: acabada la paciencia de encontrar una grieta, los equipos terminan lanzando balones hacia el área).

2.   Volver el balón hacia atrás (muy frecuente: atacar un bloque bajo demanda paciencia, así que el balón tiende a moverse "a lo balonmano", periféricamente y por afuera del bloque).

3.   Meter un pase interior (menos frecuente debido a la intensa densidad numérica defensiva que termina disuadiendo esa intención táctica).

4.   Iniciar un 1x1 (mismo razonamiento que el punto 3).

Además, el banderín de córner y su zona cercana es el espacio perfecto para cercar oponente e estimular doblajes: línea de costado + línea de fondo + 2x1 = recuperación muy probable y ninguna de las cuatro conductas anteriores bien posibles. *En este punto se han visto casos bien extremos, como en la semifinal de Champions League 2015/16 en el partido de ida entre Atlético de Madrid y Bayern Munich: Atlético llegó a desplegar un 6x1 (las dos líneas y cuatro jugadores). Resultado: robo de balón a Coman.*

2.24. PROFUNDIDAD ANTE POSESIÓN DE BALÓN

¿A quién salgo? ¿A quién no? ¿Por qué salgo? ¿Por qué no? ¿Cuándo salgo? ¿Cuándo no? ¿Hasta dónde salgo? ¿Hasta dónde no? Todas esas preguntas, y más, me hacía cuando era entrenador de balonmano. Todas esas preguntas, y más, se debe hacer un entrenador de fútbol que defienda bloque bajo.

Aquí vale el tema de las tensiones exteriores e interiores para definir los marcajes a distancia o en proximidad. Usted puede defender un sistema bien cerrado y lo suficientemente profundo a la vez. Usted puede defender un sistema cerrado y algunas situaciones de profundidad y el resto sostener el sistema cerrado. En balonmano solía utilizar defensas cerradas, otorgando profundidad solo en algunos puestos (y regresando a la estructura cuando ese oponente se encuentra sin balón). El sistema oscilaba sin descanso de un 6:0 a un 5:1.

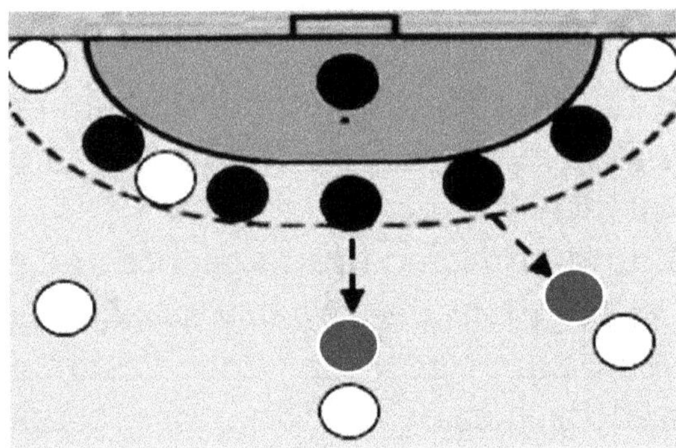

¡Aquí lo maravilloso! En fútbol usted puede hacerlo con cada uno de los jugadores periféricos, con algunos o con ninguno. Para tomar la decisión deberá tener en cuenta básicamente estos aspectos:
1)   Capacidad de colocar un pase entre líneas.
2)   Capacidad de 1x1.
3)   Capacidad de remate.
4)   Capacidad de colocar un centro (en el caso de los periféricos).

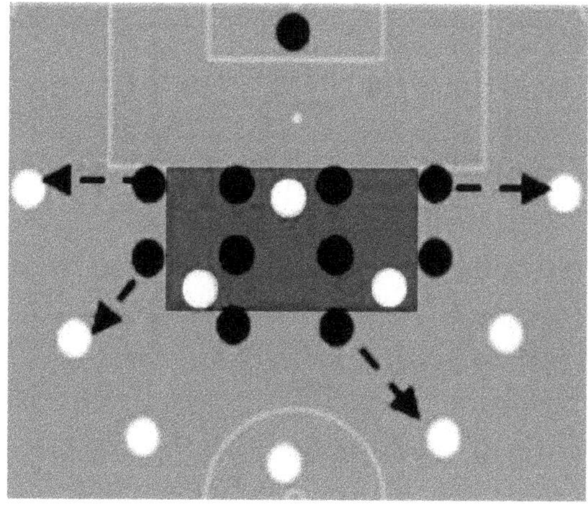

En el caso hipotético de la imagen y sobre un soporte defensivo de 4-4-2 para el bloque bajo, el entrenador entiende que solo cuatro rivales merecen una atención especial respecto del resto de los periféricos ofensivos. Es por ello que decide que sus pares defensivos realicen acciones de disuasión o enfrentamiento directo (balón cubierto), mientras que el resto de los jugadores que conforman la periferia defensiva tienen la consigna de permitirle el "uso libre del balón" a sus pares ofensivos (balón descubierto). No solo toma esa decisión por los jugadores periféricos ofensivos, las toma también por los vínculos que tienen con los jugadores interiores ofensivos. **No solo es quien la tiene, también quien la puede recibir.**

Pero cuidado, así como uno de los objetivos visibles del bloque bajo es mantener el balón fuera de zona eficaz, ese objetivo visible se transforma en un desafío para el entrenador rival e intentará ubicar el balón por dentro del bloque bajo. Aquí es donde entra a tallar la creatividad del entrenador que propone ese repliegue profundo: tender trampas que faciliten colocar balones en el interior para, mediante interceptaciones de pase, salir en veloces transiciones, ha-

ciéndole creer al equipo rival que está en una clara progresión ofensiva de su juego.

El bloque bajo debe funcionar (desde una perspectiva tradicional y conservadora) como una fortaleza inexpugnable. Pero también debe funcionar (desde una perspectiva audaz e innovadora) como una colección de trampas. ¿Cuál es el límite de la perspectiva tradicional? El miedo. ¿Cuál el de la innovadora? La creatividad al servicio de las ideas y la valentía al servicio de la implementación.

¿Es una contradicción facilitar al rival que coloque balones en el interior de la red? En la perspectiva tradicional sí, porque su objetivo es justamente el contrario. Pero en la perspectiva innovadora es una contradicción buscada, es coherente en sí misma, porque ofrece lo que el rival busca sin que él pueda percatarse que no es su mérito, sino el mío que lo estoy permitiendo y sin que pueda darse cuenta de la trampa. En el fútbol el que no engaña es previsible. Y el que es previsible se transforma en obvio.

2.25. Doblajes defensivos

La naturaleza de las tensiones internas del bloque bajo permite la utilización de doblajes con relativa tranquilidad. Es decir, ninguna afectación de un jugador a una tarea defensiva de doblaje pone en riesgo la superioridad defensiva en el interior de la red (excepto cuando nos encontramos con equipos -los menos- que dispongan de una distribución armoniosa entre lo periférico y lo interior). No pone en peligro ni aún en inferioridad numérica. *Son prueba de ello, los doblajes de Inter en semifinal de vuelta de Champions 2010 a los extremos Jeffrén y Pedro, como así también los de Rusia en Mundial 2018 a España (en suplementario a Isco en banda, por tomar solo un ejemplo).*

Sin embargo, Boca Juniors frente a River Plate por Superliga 2019 permitió, a pesar de defender bloque medio-bajo y bajo, situaciones peligrosas en banda por ausencia de doblajes. Weigandt a De la Cruz, por ejemplo, debió defenderlo en algunas situaciones 1x1 con espacios amplios pese a disponer de un bloque defensivo cerrado.

En cierta forma, las tensiones externas también facilitan la elección de doblajes gracias a las tensiones internas. La superioridad numérica interior es tan favorable a la red defensiva, que se puede permitir soltar un elemento hacia el exterior sin que por ello se vea afectada esa superioridad.

Todo doblaje debe ir acompañado de una basculación defensiva que asegure la misma densidad defensiva previa al doblaje, liberando la zona (o el jugador) con menos posibilidad de lastimar en esa situación de juego. Por regla general, debería ser aquel jugador más alejado al balón y más alejado a la propia portería.

Tanto las tensiones internas en la red, como las externas, se producen cuando determinados jugadores logran hacerse del balón, bien sea ello por su capacidad de desnivelar en el juego individual como por la capacidad de generar conexiones disruptivas con compañeros. Ellos y solo ellos ameritan un doblaje.

El bloque bajo no solo permite doblajes para el 2x1 sino también "triblajes" para el 3x2, tal cual le ocurría en el Mundial 2018 a Argentina frente Islandia: cada vez que se asociaban por banda derecha Salvio-Meza, los islandeses respondían con triple marcaje logrando disuasiones de 1x1, desbordes o pases al interior.

Uno de los grandes desafíos a resolver ante este tipo de defensas será disuadir la facilidad táctica de utilización de doblajes. De esta forma, el balón volverá menos hacia atrás y se encenderán más situaciones de 1x1 que embellecen el juego.

2.26. Orientación corporal

El entramado de red del bloque bajo, que asegura una relativa (el rival siempre juega y se adapta) superioridad numérica interior, puede además mejorar su eficacia interna propendiendo a mayor cantidad de circulación del balón por fuera, prestando atención a los pasadores de balón externos y sabiendo de la capacidad que tienen cada uno de ellos para pasar entre líneas.

Pero hay un detalle más: si bien todos los jugadores de fútbol profesional pasan el balón con ambas piernas, eso no significa que puedan pasarlo con igual poder de ruptura. Ambos pies dan pases normales, pero ambos pies no pueden pasarlo con igual genialidad. **En los pases convencionales todos los jugadores son ambidiestros, pero en los pases disruptivos apenas unos pocos lo son.** Esto nos permite trabajar los perfiles de orientación corporal de nuestros defensores de acuerdo a quien tiene el balón.

El cuerpo técnico ha de tener bien en claro la ambidiestría para lo convencional, tanto como la pierna dominante para la genialidad o la disrupción. Esto incluye también la orientación para las situaciones de uno *versus* uno.

Por último, la orientación corporal defensiva debe ajustarse, también, en relación a las líneas que limitan el campo de juego.

2.27. Efecto mental del bloque bajo

De funcionar exitosamente, provoca la insistencia sin insistir. Provoca que cada pase del rival sea con menos convicción y más dudas. El tiempo es aliado de la defensa. La caída de la convicción ofensiva se ve reforzada por una disminución en la concentración defensiva. A medida que pasa el tiempo, más te frustras pero más te obstinas en romper ese bloque bajo. El biólogo y científico Bruce Lipton ha demostrado como nuestras células son influenciadas por nuestras creencias. "Tanto si crees que puedes como si no, tienes razón", dijo el célebre empresario automotriz Henry Ford. Y a veces, estas defensas llegan a hacerte creer que no puedes. Y finalmente... no puedes.

Llega un momento (que a cada equipo atacante le llega en forma diferente) en el cual es tanta la obstinación/frustración de no poder obtener un resquebrajamiento del bloque bajo, que las alertas defensivas caen por completo (especialmente ante aquellos equipos que eligen el bloque bajo como mera estrategia defensiva sin acompañarlas de combinaciones rápidas de contraataque. Cuidado que un equipo puede elegir esta última opción como estrategia innovadora de juego y ante síntomas de fastidio ofensivo y relajamiento defensivo, iniciar sorpresivamente el juego de contraataque).

El "relajamiento defensivo" sobreviene por una necesidad imperiosa de máxima concentración ofensiva. El equipo en ataque demanda cada vez más la iniciación disruptiva de sus defensores. A la par del incremento de responsabilidades ofensivas concurren las relajaciones defensivas.

El relajamiento defensivo se vuelve extremo si la ausencia de tiempo se asocia a una derrota en el resultado. *Tsitaishvili, jugador de Ucrania, intercepta un balón unos metros delante de su área y avanza en conducción y cambio de dirección hasta el área contraria, para convertir el tercer gol de la final de Mundial Sub 20 que le ganarían a Corea del Sur.* Sin ese contexto (tiempo-resultado) estas transiciones "facilitadas" no ocurrirían. El relajamiento defensivo es bien inconsciente, porque la consciencia y la atención están puesta en su opuesto: ¿cómo atacar?

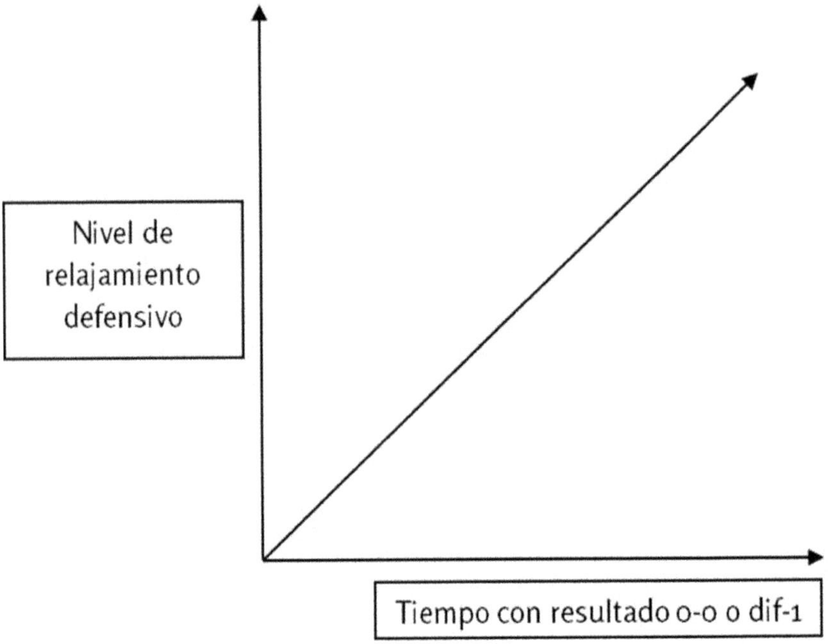

Nivel de
relajamiento
defensivo

Tiempo con resultado 0-0 o dif-1

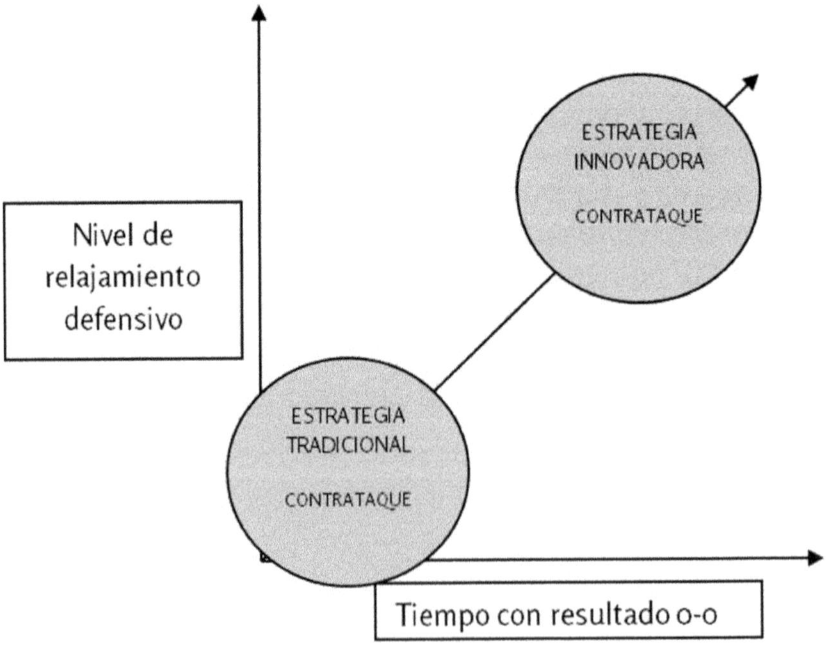

Nivel de
relajamiento
defensivo

ESTRATEGIA
INNOVADORA

CONTRATAQUE

ESTRATEGIA
TRADICIONAL

CONTRATAQUE

Tiempo con resultado 0-0

En una estrategia tradicional de contraataque, luego de un bloque bajo eficaz, este se resuelve con naturalidad. Cada vez que puedo contraatacar, se contraataca. Es lo lógico y racional. Aunque también lo lógico y racional es lo que espera el rival ¿verdad?

En una estrategia no tradicional, poco ortodoxa, rompo la lógica y decido retrasar intencional y estratégicamente mi contraataque, reservándolo para momentos donde la frustración, el hastío y el relajamiento defensivo se apoderen del oponente. ¿Estas estrategias no tradicionales garantizan resultados? De ninguna manera. Claro que tampoco la garantizan las tradicionales.

De una forma u otra, con más innovación o con menos, siempre contraataque, porque como decía **Herbert Chapman**, el exentrenador del Arsenal de Inglaterra (considerado "el inventor de la táctica" en el fútbol por la creación de su WM): "El momento más oportuno para marcar un gol es inmediatamente después de repeler un ataque rival, porque los oponentes se quedan pillados en la mitad equivocada del campo".

Advertencia: Cuidado que también existe el **"relajamiento defensivo inverso"**. Es decir, el equipo rival se relaja porque se obsesiona con el ataque, pero el equipo propio también se relaja, porque como la defensa viene imponiéndose frente al ataque de forma repetida, la mente los traiciona realizando pronósticos y proyecciones de que ello ocurrirá también en lo que queda del juego. Cuando este fenómeno mental ocurre (totalmente de forma inconsciente) es donde se precipitan los errores defensivos y lo que venía dando resultado deja de darlo.

¿Cómo se combate este fenómeno inconsciente? Alimentando constantemente la sensación de miedo, porque es la sensación de miedo la que mantiene los mecanismos de alerta encendidos. Cuando la sensación de miedo se apaga, también se apagan los mecanismos de alerta. Ya lo decía **Pep Guardiola**: "el miedo te hace competir mejor", repitien-

do un pensamiento de **Alex Ferguson**. La neurociencia puede ayudar acá: no se trata de un miedo que paraliza (actividad excesiva de la amígdala cerebral). Se trata de un miedo controlado, que se siente pero se controla (la oxitocina regula el comportamiento de la amígdala cerebral, transformando el miedo en un sentimiento controlado y hasta positivo).

2.28. EVOLUCIÓN REGLAMENTARIA DE LAS DENSIDADES DEFENSIVAS

El juego puedes modificarlo desde la invención táctica o desde la modificación reglamentaria.

Si las defensas en bloque bajo continúan su perfeccionamiento y evolución (porque su sistematización tiene mucho por agregar aún), o los ataques posicionales se estancan en su forma de enfrentarlo, será necesario repensar el juego desde lo reglamentario.

1) En caso de "castigar" a los equipos que defienden bloque bajo:

Una posible solución para no asfixiar el juego posicional a unas densidades defensivas cada vez más inhibitorias de creatividad, improvisación y uno *versus* uno, será limitar la cantidad de jugadores que puedan defender en su mitad del campo. Inhibir dos o tres jugadores no impedirá la conformación de bloque bajo, pero si ampliará los espacios (y especialmente los pasillos) que cada vez más se encuentran negados.

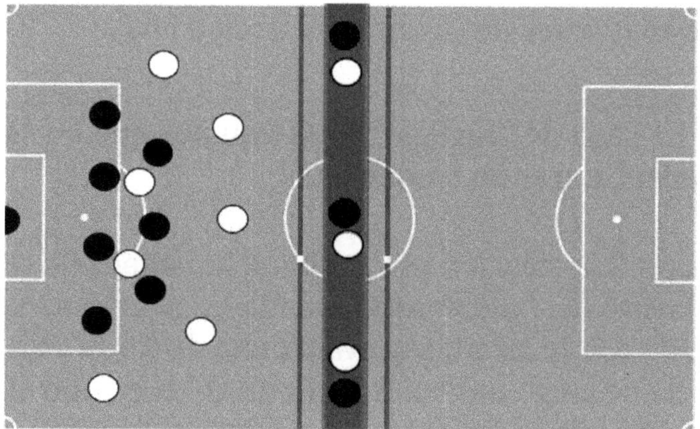

Para ello la mitad del campo no se dividirá con una línea tal cual ocurre ahora sino con una zona de aproximadamente tres metros de ancho, zona en la cual no hay posibilidad de sanción defensiva, ni tampoco posibilidad de posición adelantada.

Esta innovación iría en consonancia con las tendencias de un juego cada vez más de transiciones, sin necesidad de quitarle brillo al juego posicional. La táctica se enriquecería inmediatamente: ¿con cuántos jugadores ataco? ¿Quedo en las vigilancias defensivas -1? ¿Vale la pena ese riesgo? ¿Se quedan siempre los mismos o cambio los jugadores que atacan? ¿Repliegan siempre los mismos o los voy rotando para que puedan descansar en la zona libre? ¿Defiendo bloque bajo o la modificación reglamentaria me invita a defender bloque medio o alto?

¿Esta posible innovación te genera incomodidad? ¿Crees que desnaturaliza el fútbol? ¿El fútbol es perfecto como está? ¿En el fútbol está todo inventado y nada debe ser tocado? Te recuerdo que hace bastante más de un siglo, cuando se inventaron los penales, ocurrió exactamente eso y los porteros hasta llegaron a quedarse parados junto al poste en señal de protesta cuando se disponían a ejecutarlos. Nunca hay que tenerle miedo a las "ideas nuevas", porque antes de imple-

mentarlas deben ser evaluadas, seleccionadas, prototipadas y ensayadas antes de su implementación final.

2) En caso de "castigar" a los equipos que no saben (o no pueden) atacar un bloque bajo:

Una posible solución es incorporar (adaptada) la regla del juego pasivo del balonmano: cuando un equipo no sabe/no quiere/no puede, el árbitro levanta uno de sus brazos en advertencia de juego pasivo. A partir de ahí el equipo atacante dispone de seis pases antes de ejecutar su lanzamiento. En caso de un séptimo pase se sanciona infracción a favor del equipo defensor. Esto aceleraría la dinámica de tomas de decisiones, sistemáticas de ataque y también nacen nuevas oportunidades de transiciones ofensivas.

Estas ideas vienen a proponer soluciones a la denuncia del escritor **Eduardo Galeano**: "La tecnocracia del deporte profesional ha ido imponiendo un fútbol de pura velocidad y mucha fuerza que renuncia a la alegría, atrofia la fantasía y prohibe la osadía".

2.29. BLOQUE BAJO REACTIVO VS BLOQUE BAJO PROACTIVO

Una defensa lógica pasa por tres secuencias:
1) Presión alta (la mayoría coincide en la regla de los cinco segundos).
2) Repliegue.
3) Elección posicionamiento: Bloque medio – Bloque medio/bajo – Bloque bajo.

Alguna vez **Marcelo Bielsa** dijo: "Yo no miro videos para defender. Yo miro videos para atacar. ¿Saben cuál es mi trabajo defensivo? Corremos todos". Pero resulta que nos encontramos con bloques bajos que son la antinomia de la presión alta (el gusto de Bielsa): se caracterizan por un juego reactivo. Sus prioridades son el posicionamiento defensivo, la densidad defensiva, las basculaciones respecto de la circulación del balón, la disuasión de líneas de pase al interior de la red y algunos pocos conceptos defensivos más.

Si bien este tipo de bloques bajos tienden al desgaste del equipo contrario, obligando a circulaciones periféricas del balón interminable (esas que **Pep Guardiola** las define como "sin emoción" y "sin vida"), en el futuro la tendencia será ir transformándolos cada vez más proactivos hasta que sean idénticas a una presión alta, solo que en posicionamiento espacial diferente. Por cierto, cada partido permite planificar un bloque bajo proactivo diferente. Los momentos se determinan por múltiples factores. Vamos a mencionar algunos:

1)   Pensada en función de los defensores centrales: ¿hay alguno que juegue a pierna cambiada? ¿Hay alguno que lastime con pases entre líneas? ¿Hay alguno que sus controles sean más inestables? ¿Hay alguno que progrese con balón?

2)   Pensada en función de sus defensores laterales: ¿Cuál es el pase hacia atrás más frecuente? ¿Cuál hacia adelante? ¿Cuál conduce más el balón? ¿Cuál ataca más los espacios sin él? ¿Cuál juega solo por carril exterior? ¿Cuál se mueve como interior? ¿Tienen capacidad de hacer envíos aéreos?

3)   Pensada en función de los mediocentros: ¿un mediocentro o dos? ¿Cuántas veces recibe orientado? ¿Cuántas veces juega a un toque y cuantas a más de uno? ¿Cuántas rebota el balón hacia sus defensores centrales? ¿Cuántas pasa lateralmente? ¿Tiene capacidad de daño entre líneas? ¿Profundiza para llegar fuera del área y rematar? ¿Se hunde entre los centrales para iniciar juego? ¿Cuánto escanea antes de recibir el balón?

Y así con cada uno de los puestos y funciones.

Las respuestas a las preguntas ofrecen conclusiones y de las conclusiones se extraen las ideas. Por ejemplo, ante la pregunta ¿progresa con balón? Con respuesta negativa, usted ya tiene elementos para crear. Una posible intervención ante un jugador que no progresa es salir al marcaje hombre a hombre a sus conexiones más habituales (producto también de la respuesta a la pregunta ¿cuáles son sus pases más habituales?) y **abrir intencionalmente un pasillo para invitarlo a progresar.** En esa pequeña decisión táctica usted lo saca de zona de *confort* y además lo invita (facilitándole contextos) a meterse en acciones tácticas no habituales. Logra dos cosas: le inhabilita lo acostumbrado y lo incita a lo desconocido. Su decisión tiene un doble impacto.

Anécdota: esta decisión de "abrir intencionalmente un pasillo para invitarlo a progresar hasta el gol", lo experimenté como entrenador de balonmano: noté que el armador central (¡nada menos que el armador central!) atacaba solo para fijar y continuar el juego, nunca para llegar a situaciones 1x0 sobre el portero o lanzar a distancia. Nuestros jugadores, un poco sorprendidos por la propuesta táctica, aceptaron el desafío. Y el juego devolvió la respuesta: propiciada por el "pasillo intencional", hubo una clara situación para lanzar del armador central, demasiado clara para lanzar. Sin embargo, decidió pasar. Tan grotesca fue la situación que varios de nuestros jugadores miraron al banco de suplentes con rostro de sorpresa y satisfacción: lo que habíamos planeado se había cumplido. Ese partido decisivo en torneo nacional se ganó por un solo gol, el gol que "nos ahorramos" con el pasillo intencional.

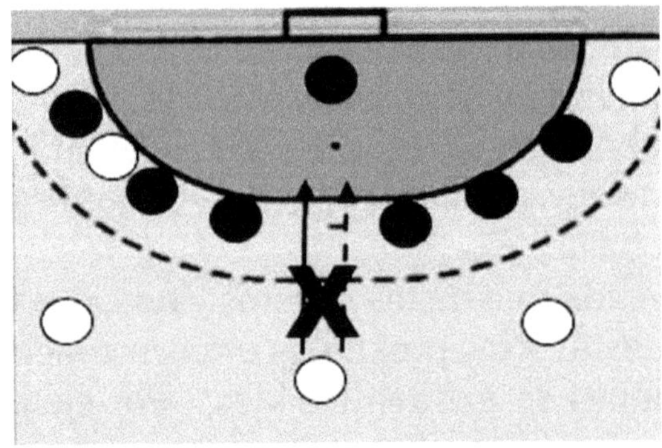

Equipo que inicia con tres defensores centrales:

1)   Dejar pasillo central libre, para adelantar al marcador central y que los delanteros puedan correr diagonales hacia dentro.

2)   Idem si inicia con dos marcadores centrales y un mediocentro.

3)   Dejar pasillo interior libre con un delantero sobre cada uno de los defensores centrales que quedan, inician desmarque en diagonal hacia la zona del defensor central que progresa. Sorprender con un mediocampista por el lado del aclarado.

4)   Dejar pasillo interior libre con un delantero sobre cada uno de los defensores centrales que queda. A medida que progresa ese defensor central, descolgar un mediocampista de ese lado a extremo, bascular al resto de la segunda línea defensiva (con la posibilidad de hacer compensación en "cascada" con el delantero del lado opuesto). Esta solución tiene la posibilidad de generar distintas confusiones:

a) ¿Defensor central se precipita a pasar para marcar al mediocampista que tiene la tarea de invadir su espalda?

b) ¿Baja el defensor lateral?

c) ¿Cierra el defensor central?

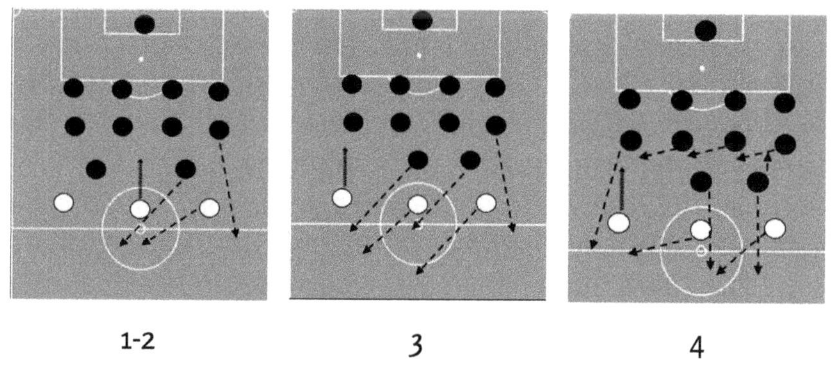

| 1-2 | 3 | 4 |

Equipo que inicia con dos defensores centrales:

1)   Dejar pasillo interior libre y ubicar a los delanteros uno a cada lado del marcador central restante.

Dejar doble pasillo interior y ubicar a los delanteros en zona de los marcadores laterales. Esta es una opción que da particularmente resultado en el balonmano (ubicando un avanzado sobre el lateral izquierdo, automáticamente limitas la participación del extremo izquierdo. Un jugador defiende dos. Es interesante experimentar/explorar sus posibilidades en el fútbol: con marcaje al defensor lateral (no recibe y además se trabaja sobre línea de pase al extremo).

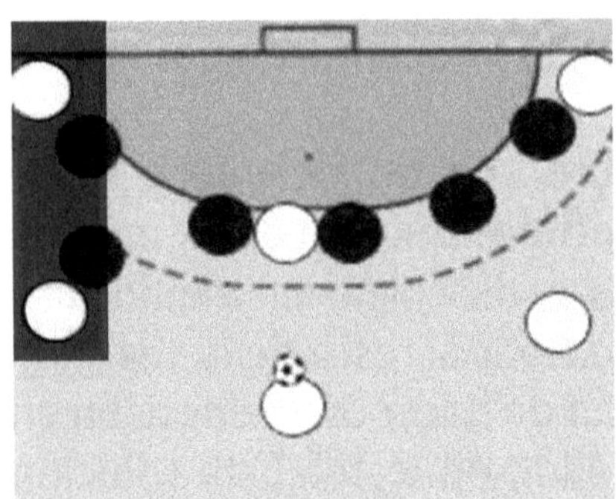
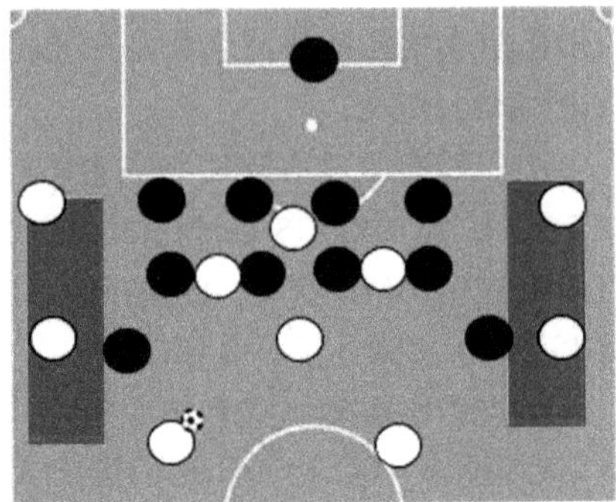

Recuerde siempre: **no se trata solo de impedir lo que hace bien. Se trata además de favorecer que haga lo que hace mal (o suele no hacer).** En este punto, el desarrollo de la imaginación táctica debe tener algo de perversión para imaginar escenarios.

*A veces hay decisiones de este tipo que sorprenden desarticulando lo "lógico". Final de Copa del Rey. La primera línea constructiva de Barcelona estaba compuesta por **Lenglet, Busquets y Piqué**, mientras que la primera línea defensiva de Valencia estaba compuesta por **Rodrigo y Gameiro**. Una primera línea defensiva puede permitir perfectamente el avance de dos iniciadores pero nunca de tres. En todos los primeros avances fue Piqué quien perforó con facilidad esa primera línea, justo teniendo la oportunidad de encontrarse con **Messi** que se recuesta por ese sector derecho del campo. Normalmente hubiésemos esperado todo lo contrario: abrirle el espacio a Lenglet para que su perforación quede alejada de Messi.*

Vea usted como a partir de una sola pregunta, se desprende una respuesta y de esa respuesta se desprende una idea táctica. Imagínese el abanico de ideas que pueden ocurrirse si usted se hace:

1) Todas las preguntas posibles.
2) Encuentra la mayor cantidad de respuestas posibles.
3) Desarrolla la mayor cantidad de ideas posibles.

Aclaración metodológica: luego de la creación de ideas, las mismas deben entrar en lo que, en los procesos de invención conocemos como **Funnel de Innovación**. En él, las ideas se analizan, se seleccionan, se prototipan y finalmente se ejecutan. Todo proceso de creatividad e innovación puede seguir una sistemática comprobada para asegurar un mayor índice de eficacia.

Una vez aplicadas las ideas en el campo....

Usted detectará en el rival **patrones de inestabilidad** que le habiliten iniciar una intensa presión y transformar así un bloque bajo reactivo a un bloque medio-bajo proactivo. Es probable que el oponente descubra luego de algunos intentos sus intenciones tácticas de presión ¿Dónde? ¿Cuándo? ¿Por qué? ¿Ante quién? En el peor de los casos eso funciona como un desestabilizador de su circulación del balón: habrá algunos jugadores que reciban menos de lo frecuente, habrá otros que limitarán sus trayectorias espaciales, etc. Es decir, aún sin recuperar el balón (lo que parece un objetivo incumplido) el equipo rival altera su naturalidad de circulación del balón (lo que puede considerarse un objetivo cumplido).

Se trata de salir de la comodidad de un bloque bajo estándar para diseñar creativamente un bloque bajo personalizado a las potencialidades y debilidades del equipo rival.

Es justamente, aunque parezca contradictorio, en la estabilidad/obviedad espacial defensiva de un bloque bajo donde usted puede idear la mayor cantidad de trampas, engaños y señuelos para generarse sus transiciones ofensivas. Porque así como diseña los espacios que debe ocupar cada

jugador, también diseña los espacios que serán cedidos intencionalmente para provocar un engaño.

Desde una presión alta es más complejo idear este tipo de engaños.

2.30. SECUENCIACIÓN PARA LLEGAR A BLOQUE BAJO

Un entrenador no decide solamente defender bloque bajo (QUÉ defendemos). Debe decidir también la forma de llegar a él (CÓMO llegamos a lo QUE defendemos). Para ello debe optar por elegir la **secuenciación** sobre como finalizará en el bloque bajo:

La primera secuenciación (1) es la más natural de todas. El equipo pierde el balón y repliega a bloque bajo.

	Pérdida de balón
Presión alta	
Bloque medio	
Bloque bajo	1

La segunda secuenciación (2) es muy utilizada. El equipo pierde el balón, realiza una presión alta y si no se obtienen resultados positivos repliega a bloque bajo.

	Pérdida de balón
Presión alta	1
Bloque medio	
Bloque bajo	2

En la tercera secuenciación (3) el equipo tras pérdida, repliega a bloque medio y si no se obtienen resultados positivos se hunde más a bloque bajo. Por ejemplo, esta secuenciación fue utilizada por Mourinho en el Real Madrid en un partido contra el Barcelona (2011). El equipo comenzaba bloque medio y si el Barcelona encadenaba un número mínimo de pases, el equipo debía hundirse a bloque bajo.

	Pérdida de balón
Presión alta	
Bloque medio	1
Bloque bajo	2

En la cuarta secuenciación (4) el equipo tras pérdida, presiona alto, naturalmente va descendiendo en el terreno a bloque medio y finalmente se hunde más a bloque bajo

	Pérdida de balón
Presión alta	1
Bloque medio	2
Bloque bajo	3

2.31. LA SECUENCIACIÓN DESDE EL BLOQUE BAJO

Es la que iniciamos luego de haber llegado al bloque bajo. Podemos quedarnos en bloque bajo hasta que finalice la posesión del rival tanto como poder ir en ganancia de terreno: avanzar a un bloque medio y hasta una presión alta (en caso que el bloque medio haya impulsado al rival a seguir llevando el balón hacia atrás).

En este tipo de secuenciaciones desde el bloque bajo hacia el medio y/o alto es imprescindible "salir cuidando las espaldas", porque todo va simétrico mientras *el balón va para atrás y tú vas para delante. Pero cuidado, un balón hacia atrás a veces es la mejor forma de ir hacia delante. Si coor-*

dinas rápido una defensa estará saliendo (como le ocurrió a Barcelona) y alguien estará ganando espacios por detrás (como ocurrió con Valencia): Gayá ganó atacando las espaldas por detrás de su par defensivo (Sergi Roberto) al tiempo que lo sacaban de ese espacio a Semedo (en un clásico Menottista donde podemos parafrasear a un "si vengo es porque un compañero va") que Paulista interpretó de forma perfecta para colocar el balón en esa espalda y que luego de atraer a los centrales, pasara a Gameiro libre para convertir el 1-0 en la final de Copa del Rey 2019. Un equipo juega bien el 2x2 en banda porque también el otro equipo lo defiende mal; no acuerdan ninguna de las dos formas básicas de defenderlo: o bien cada uno sigue su hombre o bien realizan un cambio de oponente (Semedo toma a Gayá y Sergi Roberto a Guedes).

En el inicio del segundo tiempo de la semifinal de ida 2015/16, Atlético de Madrid (ganando 1-0) sale a realizar una presión alta y Jorge Valdano, comentando para la TV dice: "está muy bien que el Atlético asuste la salida para no ser encajonado por el juego del Bayern, que cuando comienza a tocar la pelota se va sintiendo cómodo y termina arrollando". Tiene toda la razón del mundo Valdano. Pero ocurre que, a la misma vez, Atlético de Madrid no sufre ningún disgusto siendo encajonado y tampoco tiene miedo de sentirse "arrollado" (en el sentido de ceder espacio y balón). Si muchas veces esa es su elección. Y de esa elección logra hacer sentir al "arrollador" frustrado por no obtener nada a cambio de ese "arrollo".

Cada entrenador y cuerpo técnico deberá saber cómo secuenciar para llegar hasta el bloque bajo y como secuenciar para salir de él. Deberá evaluar si vale la pena llegar hasta él y si vale la pena salirse de él.

2.32. ¿Secuenciación estable o variable?

Si usted como entrenador se sostiene todo el partido en una secuenciación única se va volviendo cada vez más previsible. Mucho más aún, si la sostiene a lo largo de varios partidos. Es su atributo (¡y su obligación!) establecer alteraciones en la secuenciación a fin de evitar que el equipo rival vaya adaptándose (y en la adaptación logre la respuesta ofensiva esperada) y además obtener acciones sorpresivas que descoloquen al oponente.

La alteración de la secuenciación se puede realizar por:

1) **Patrones estables** donde el más común es el factor tiempo. Ejemplo: hasta los 15 minutos del primer tiempo realizamos la secuenciación 1 y luego de él pasamos a la secuenciación 3.

2) **Patrones inestables**: aquellos que pueden ocurrir sin que sepamos su momento. En esta categoría podemos incluir distintos tipos de patrones:

a) Tácticos. Ante cambios de sistema.

b) Técnicos. Ante jugadores que muestran fallas técnicas en los pases o se los ve "espesos". Estas fallas técnicas se evalúan tanto en los rivales como en los propios jugadores.

c) Físicos. Cuando se exhiben síntomas de agotamiento tanto sea en el equipo rival como el propio.

d) Mentales. Ante muestras de fastidio, recriminaciones, disminución del sentido grupal, etc. En este punto es muy importante la colaboración de un psicólogo deportivo para este tipo de toma de decisiones.

2.33. Guía práctica para la elección de la secuenciación hacia bloque bajo

Una simple planilla puede permitirle a usted y su cuerpo técnico regular, dosificar y controlar las secuenciaciones hacia el bloque bajo. Este es un ejemplo orientativo aunque

usted puede confeccionar la suya de acuerdo a sus propias necesidades.

	Patrones estables	Patrones inestables			
		Tácticos	Técnicos	Físicos	Mentales
Secuenciación 1					
Secuenciación 2					
Secuenciación 3					
Secuenciación 4					

¿Cómo usarla? Ejemplo 1: usted comienza el juego con secuenciación 1, pero el equipo rival viene de jugar entresemana y demuestra tempranamente una baja de rendimiento físico. Usted inmediatamente cambia a secuenciación 2.

		Patrones estables	Patrones inestables			
			Tácticos	Técnicos	Físicos	Mentales
Secuenciación 1	1				2	
Secuenciación 2	3					
Secuenciación 3						
Secuenciación 4						

2.34. Utilizar concepto "par defensivo" para iniciar contraataque

Hemos visto repetidas veces que ante un bloque bajo que funciona correctamente, el equipo atacante empieza a lanzar centros al área con mayor frecuencia ¿verdad?

Ahora bien, generalmente el que lanza el centro se transforma en "espectador" de su obra. Es normal, cada uno quiere ver su pintura luego de pasar el pincel. ¡El que no debe ser espectador de esa obra es su par defensivo! Si efectivamente no pudo disuadir/bloquear el centro (pérdida) debe transformarse en un activo participante del posible proceso de contraataque (ganancia). Esto debe darse mucho más aún cuando disponemos de un portero de excelencia para retener envíos aéreos.

2.35. Cerebros predictivos: anticipar la anticipación

Cuando no pudo percibir ni hacer ningún tipo de predicción nuestros cerebros tienen la capacidad de reaccionar bajo instinto (especialmente cuando se produce una amenaza y reacciona el cerebro reptil sin pasar por nuestra consciencia). Pero normalmente, somos seres con capacidad de predicción, de anticipar lo que va a ocurrir.

En el fútbol aún más. Ya sabemos que ante un bloque bajo va a haber circulación de balón de banda a banda. Si sabemos eso, tenemos la capacidad de **"anticipar la anticipación"**.

Se trata de **jugar a la interceptación**, es decir, hacer más permeables algunas líneas de pase que otras, para el caso las líneas de pase que llegan de mediocentros a laterales o extremos, o de defensores centrales a laterales. Son líneas de pase relativamente largas e inevitables de realizar ante bloque bajo. Son líneas de pase que conforman la base del entramado de la circulación periférica del balón (a lo balonmano) que es lo que pretende un equipo que defiende bloque bajo. Entonces, normalmente un equipo que ataca bloque bajo no siente amenazadas esas líneas de pase, las juega con confianza y naturalidad. ¡Por eso mismo son las líneas de pase ideales para la interceptación! Líneas de pase como la de Fernandinho y Angeliño en el Manchester City, por ejemplo.

Cuando quieres filtrar un pase al interior de la red, sabes que es una línea de pase que puede ser agredida con la interceptación. Cuando preparas por fuera no.

La interceptación por el **par defensivo** ha de producirse a la carrera para facilitar así un contraataque breve y masivo (porque el resto del equipo también está alerta y esperando esta interceptación. También la posibilidad de fallo y cobertura).

Jugar a este tipo de interceptación sobre las bandas, de fallar, tiene una segunda ventaja competitiva: luego de repetirla en algunas oportunidades (¡aún sin conseguir el objetivo de la interceptación!) termina funcionando como un elemento disuasor de la circulación de balón natural del equipo rival al alterar por completo sus líneas de pases habituales.

Para realizar este tipo de acciones defensivas es necesario tener minuciosamente estudiado distintas variables a saber:

1) Cantidad de metros mínimos y máximos que componen esa línea de pase.

2) Tiempo que tarda en llegar el balón de jugador a jugador.

3) Tiempo que necesita ese "interceptador" para llegar a esa línea de pase a tiempo (llegar antes probablemente disuada, llegar tarde es solo un marcaje en proximidad. Ninguna de ambas posibilidades estamos buscando con esto).

4) Distancia que necesita ese "interceptador" para llegar a tiempo.

En el balonmano también se utiliza la interceptación por los impares. Normalmente son los 1 defensivos que interceptan antes que llegue el balón a los laterales o los 2 defensivos que lo hacen sobre los centrales. La gran ventaja de la interceptación por los impares radica en su aparición sorpresiva fuera del campo visual del receptor (sale del lado opuesto desde donde viene circulando el balón).

En fútbol es un interesante concepto a explorar con mayor profundidad para el cual estimo necesario realizar presión sobre los próximos (para disuadir algunas líneas y favorecer otras).

2.36. UTILIZAR CONCEPTO "LÍNEAS DE PASE" PARA INICIAR CONTRAATAQUE

Usted tiene varias líneas de pase:
1) Verticales: hacia atrás y hacia delante.
2) Oblicuas: hacia atrás y hacia delante. Hacia izquierda y hacia derecha.
3) Horizontales.
Cada una de esas líneas de pase, a su vez, se descomponen según el tamaño de su recorrido.
1) Cortas: menos de 10 metros.
1) Medianas: menos de 20 metros.
3) Largas: más de 30 metros.
Usted puede combinar aspectos tácticos como disuasión e interceptación para poder realizar un bloque bajo más proactivo que reactivo. El rival tiene la iniciativa ofensiva (porque usted así lo quiere), pero usted tiene la iniciativa defensiva y en ella el germen de la iniciativa ofensiva.

Antes del juego (previo y minucioso análisis del rival mediante *big data* + video análisis) usted sabrá todas las tendencias y patrones de pase del equipo rival. Una vez que se dispone de toda la información comienzan las preguntas que ayudarán a disparar ideas.

¿Qué líneas de pase disuadimos? ¿Cuáles favorecemos? ¿Cuáles atacaremos para la interceptación? ¿Con cuales jugadores disuadimos? ¿Con cuales jugadores interceptamos?

Ejemplo 1: ante un jugador oponente perfilado de espaldas al ataque, disuadir todas las líneas de pase hacia atrás y buscar la posible interceptación sobre las líneas de pase horizontales cortas, medias y largas.

Ejemplo 2: ante un jugador perfilado de frente al ataque (especialmente los defensores centrales) disuadir todas las líneas de pase cortas y medias para obligarlo a saltear líneas y buscar (siempre en superioridad numérica defensiva) la posible interceptación de línea de pase (luego de ofrecerla) diagonal-vertical-larga.

Advertencia: ambas clasificaciones pertenecen al autor.

2.37. LAS TRES MIRADAS DEL PORTERO

Un portero, no importa el sistema defensivo con el cual le toque interactuar (porque él es parte constitutiva de ello), debe tener ejercitado un escaneo secuenciado del espacio una vez que se hace dueño del balón. Recordemos que el mejor momento para atacar es cuando el equipo rival menos se encuentra constituido defensivamente. Causalmente (y no casualmente) ello ocurre cuando más comprometido esté en acciones ofensivas en nuestro campo. El portero es el primer iniciador: tiene que ser bueno en cualidades perceptivas (identificar pronto los espacios por donde atacar), en toma de decisiones (decidir rápido cuál de las opciones es la mejor) y en ejecución (utilizar con precisión la técnica correcta para que el balón vaya donde demanda la respuesta).

A ese escaneo secuenciado, le llamo **"las tres miradas"**:

1) El concepto "mirar lejos" de ninguna forma es propio ya que viene desde lejos: *"Mirar lejos. Lo primero que nos pedía* **Johan Cruyff** *es que mirásemos lejos, a* **Romario"** , contaba **Pep Guardiola.**

El portero tiene que **mirar el campo lejos** (para ver si sus delanteros pueden jugar una acción corta y veloz). Generalmente repone con el pie aunque no excluye un pase con la mano. En balonmano sería un **contraataque de primera oleada.**

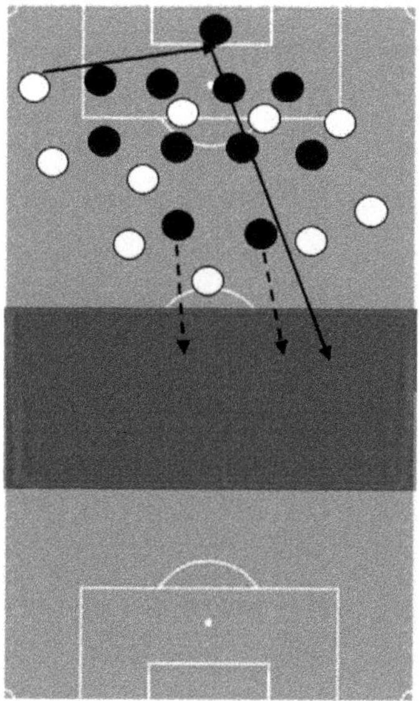

Esta es la mirada que eligió, a pesar de tener ocho compañeros en el área, Alisson (portero del Liverpool), luego de descolgar el último centro (de una secuencia de tres seguidos) en la final frente a Tottenham y así transformar un dominio territorial del rival en una réplica de contraataque en los pies de Salah, igual de peligroso que el mismo posicional.

2) Tiene que **mirar campo intermedio** (para ver si sus mediocampistas pueden recibir un balón a las espaldas de los mediocampistas rivales). Generalmente repone con la mano aunque no excluye un pase con el pie. En balonmano sería un **contraataque de segunda oleada.** En esta segunda oleada es importante que los delanteros hayan ampliado el espacio entre las líneas defensivas que están en proceso de organización. Cuando más se amplíe el espacio entre ellas, más posibilidades de éxito tendrá el portero de poner el balón correcto. Por lo cual, la segunda oleada viene determinada por la primera. Es imposible correr la segunda oleada por los espacios en los cuales los delanteros no atacaron.

Además de la ampliación de los espacios es muy importante aquí que el equipo despliegue rápido para lograr una cierta superioridad numérica inicial en la segunda oleada (en el gráfico que sigue una ventaja inicial de 5x4).

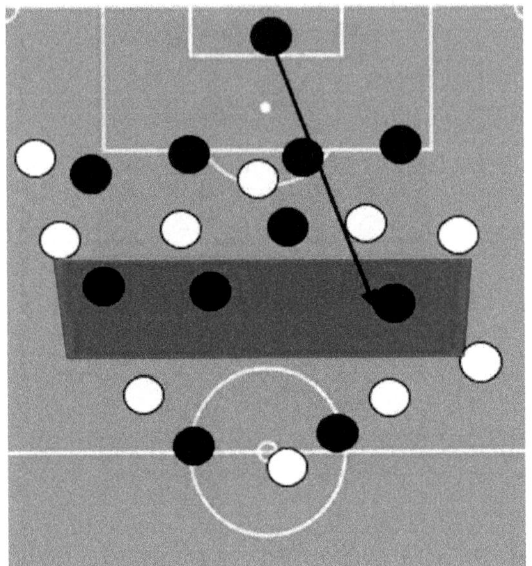

Así nace el segundo gol de Valencia en la final de Copa del Rey 2019. El portero Domenech, luego de un apoyo hacia atrás, posa la mirada en una espalda que tiene seis jugadores de Barcelona por delante y ganada por el mediocampista (Parejo) y coloca allí el balón con los pies. Nace ahí un fulminante contraataque de segunda oleada. Un apoyo horizontal mientras que, al igual que el primer gol solo que por banda opuesta, se gana una espalda por fuera (Soler a Jordi Alba) y un centroatacante llega a definir por dentro (Rodrigo). Nótese aquí como la velocidad de construcción del contraataque y de uso inteligente del espacio supera a la velocidad física: partiendo en igualdad de condiciones es menos probable que Soler pueda ganarle un duelo de "velocidad física" a Jordi Alba (en un duelo posterior en "igualdad" es Jordi Alba quien le gana la carrera a Soler).

A pesar de disponer de sus delanteros en una situación de 2x2, esta es la mirada que elige poner el portero del Norwich (Krul), que termina con la obtención del segundo gol (Cantwell) frente al Manchester City.

Esta es la mirada (y el pase perfecto) que ubica el portero Lloris del Tottenham, en la final de Champions League, para Kane y compañía y así quedar en un 4x4 en el último tercio del campo (el resultado de ese 4x4 no tiene importancia aquí).

El segundo gol de Liverpool en la final de Champions League 2018/19 viene de una ABP en forma de córner. ¿Qué tiene que ver una ABP desde córner con la segunda oleada? ¡Todo! Porque esa ABP se consigue gracias a que Alisson mira campo intermedio y pasa con las manos de forma perfecta para superar casi dos líneas defensivas habilitando a Robertson, que tras una breve conducción lanza un centro a Salah y del cual Rose está obligado a enviar al córner. ¡Un córner obtenido en solo dos pases! ¡Fabuloso!

Otra variante es que esta segunda oleada se constituya a partir de un delantero que aguanta y rebota un balón hacia atrás. Un desmarque de apoyo (del delantero para atraer) combinado con un desmarque de ruptura (de un mediocampista para ganar el espacio libre por detrás). Esto último requiere el falseo de intención de una primera oleada. Es decir, el delantero corre con intenciones de ganar la espalda de los defensores pero regresa súbitamente, luego de haber ampliado espacios, para transformarse en un jugador que "aguanta y rebota". Algo así como cuando César Luis Menotti, entrenador de la Selección Argentina campeón Mundial 1978, decía "Si voy es porque vengo". ¿Usted tiene dos delanteros que forman la primera línea defensiva del bloque bajo en 4-4-2? ¿Uno de ellos tiende a ser rápido y se mueve más por fuera? ¿Otro de ellos es más fuerte, corpulento y se mueve más por dentro? Con el primero puede más jugar a las espaldas, con el segundo más al "si voy es porque vengo".

3)   Tiene que **mirar campo corto** para dar una salida rápida y precisa al balón. Generalmente repone con la mano y construye un ataque con los jugadores en las posiciones que han quedado luego de las dos primeras miradas fallidas. Es una fase donde el contraataque aún no ha terminado y el posicional todavía puede esperar un poco. En **balonmano sería un contraataque de tercera oleada**.

*Esta fue la mirada elegida en repetidas oportunidades por Norwich en un partido de Premier League 2019 frente a Manchester City. Desde el bloque bajo (por elección propia o por imposición del City, no importa eso aquí), su portero (también sus defensores luego de recuperar el balón) decidió salir en corto con la idea de superar la primera línea de presión de manera asociada, para luego de ello apurar la fase transitiva. El entrenador del Norwich, **Daniel Farke**, innovó en la forma tradicional de interpretar el ataque que le sigue a un bloque bajo (la tradición dice juego directo) y de esta forma sorprendió al equipo de Pep Guardiola llevándose el triunfo.*

*Esta es la mirada elegida por **Neto**, portero del Valencia en la semifinal de vuelta de Europa League 2018/2019, para activar un contraataque que en pocos segundos y cinco pases, **Gameiro** solo tuvo que empujar a gol. Al primer pase ya habían superado tres oponentes, al segundo siete y al tercero ocho.*

Es importante aclarar aquí que los contraataques no guardan relación única y estricta con la mirada, excepto el de primera oleada. Perfectamente un contraataque de segunda oleada puede iniciar con una mirada larga (no consolidada y con apoyos a los que llegan por detrás) e inclusive hasta una tercer oleada pudo nacer de una primera y segunda oleada que no prosperó.

4)   Cuando ninguna de las tres opciones ocurren un equipo debe pasar a la fase de juego posicional. Los jugadores se reordenan desde los espacios en que les tocó correr las transiciones a sus espacios posicionales y comienza la

construcción del juego. La velocidad y urgencia de las tres fases anteriores no aplica al inicio de esta cuarta fase del juego (eso no significa que la fase no lo necesite en algún momento, es más, es imprescindible que lo tenga para poder sorprender al rival).

La secuenciación del escaneo es un arriba-abajo veloz. Si el escaneo del portero se posa primero en el campo corto, es evidente que las fases 1 y 2 deben darse por perdidas. Porque si progresa la mirada en un abajo-arriba es bien probable que cuando llegue al campo largo el ajuste de marcas ya esté conseguido por la defensa. Este escaneo invertido puede llegar a ser un error: si tienes una ruta descongestionada para llegar a destino, ¿esperarás la hora pico de tráfico o tratarás de viajar antes que ello ocurra?

Un equipo puede ir a la mirada 3 de forma espontánea o deliberada. En la primer manera (espontánea) el portero "sigue que lo manda el juego", al no haber encontrado opciones en la mirada 1 y 2. En la segunda manera (deliberada) el portero "ignora lo que manda el juego" (porque quizá la mirada 1 o 2 entregaban posibilidades) a favor de una elección de juego realizada con anterioridad a la competencia.

Claro que el equipo debe estar preparado para ofrecerle opciones en la fase 1, 2 y 3, porque si así no lo hace estará condenado a ir hacia la suerte e improvisación en cada una de las tres fases. Jamás renegaré de la improvisación (porque ella es parte del universo creativo y a ello me dedico) pero mucho mejor ofrecerle al jugador **"plataformas de improvisación"**. Es decir, favorecer determinados inicios que permitan continuar con ciertas improvisaciones en escenarios favorecidos. Si juego la fase 1 a juego directo a un compañero que está 1 vs 2, está claro que lo pongo ante escenarios desfavorables. Si juego la fase 2, pero el portero pone el balón por detrás del jugador que está iniciando esta fase, es evidente que romperá un "tempo" imprescindible para que la segunda oleada tenga éxito.

Las "plataformas de improvisación en fútbol" siguen los postulados de **Darwin**. Él decía que en la historia de la humanidad y las especies animales, fueron los que aprendieron a improvisar con eficacia quienes han prevalecido. No se trata de una improvisación por la improvisación misma. Se trata de una improvisación inteligente, buscada y favorecida.

Cuando los porteros:

1) Incorporan y hacen suyo (internalizan) el concepto de "las tres miradas".

2) Perfeccionan las técnicas para ejecutar esas salidas.

3) Entrenan de forma contextual y repetida...

...el partido les entregará la posibilidad de ser el **doble héroe** de la jornada: aquel que fue capaz de salvar el balón imposible y aquel que fue capaz de entregar el pase de gol disruptivo.

2.38. ENTRENAMIENTO DEL PORTERO PARA UN EQUIPO QUE DEFIENDE BLOQUE BAJO

Noten ustedes la cantidad de habilidades que debe dominar un portero donde su equipo defiende bloque bajo o donde su equipo ataca bloque bajo. Imaginen el resto del abanico de habilidades que debe entrenar ante el resto de posibilidades tácticas que entrega el juego. El entrenamiento de porteros tradicional ha muerto.

Así como los preparadores físicos debieron evolucionar de una preparación basada en el atletismo a una preparación contextualizada al fútbol, lo mismo está ocurriendo en estos momentos con los entrenadores de porteros.

¿Entrenas la reacción? Sí, muy bien. ¿Entrenas la capacidad de salto? Sí, muy bien. ¿Entrenas los envíos aéreos? Sí, muy bien. Pero ¿entrenas a tus porteros de acuerdo al modelo de juego de tu equipo? Esa es la pregunta. El entrenador de porteros debe saber de táctica tanto como el entrenador principal. El entrenador de porteros debe proporcionarle (y así anticiparle) las situaciones con las que se encontrará en el juego.

Si su equipo defiende bloque bajo, deberá entrenar los envíos aéreos con alta densidad (defensiva y ofensiva) de jugadores. Y además los entrenará con envíos a pierna hábil y pierna cambiada. Además los entrenará con salidas de contraataque. Además los entrenará con salidas de contraataque entendiendo las posibilidades de primera, segunda y tercera oleada. Además...

Existen porteros con gran preparación, pero descontextualizada del juego del equipo. Es una gran preparación, pero inespecífica.

El fútbol va evolucionando por oleadas. En los últimos tiempos ha ganado predominancia el concepto "especificidad": el futbolista ya no entrena como un atleta sino como un futbolista. El balón, los compañeros y la oposición son parte del entrenamiento contextual.

En esa evolución por oleadas, la forma de entrenar los porteros ha quedado, en muchos casos, en una etapa anterior aún. No es la forma de entrenar para un óptimo desarrollo de las tres miradas: usted puede poner a lanzar balones a cada una de las zonas y lograr que técnicamente el portero sea experto en ello. Pero, en verdad, la técnica ha de ser ajustada no solo a un espacio, sino a un compañero que interactúa con rivales.

Los entrenamientos de portero irán cada vez más en esta dirección para lograr un ensamble ofensivo óptimo. Ello no solo le dará más fluidez a las distintas interrelaciones portero-jugador, sino que además será un efecto motivador superior para los porteros (porque sentirán que también están entrenando de forma más similar al juego).

CAPÍTULO 3

ATAQUE

3.1. El diagnóstico de Quique Setién y cómo atacar un bloque bajo

"Lo que haría todo entrenador ante equipos que vienen con una predisposición a defender, que se te meten diez jugadores en el área a defender pues lo que pretendes es llegar y de lo que dependes es de un buen pase y un buen remate. Es verdad que, acumulando tanta gente, pues no es fácil encontrar ese pase y ese remate. Por el tráfico que hay en esa zona necesitas inspiración, que esos pases sean buenos y esos remates también. Hemos tenido algunos, es verdad que no todo lo que llegamos y generamos lo hemos convertido en situaciones de gol pero no es nada fácil cuando tienes a diez jugadores metidos en tan poco espacio. Esto ya no es que nos pase solo a nosotros, les pasa a todos los equipos".

3.2. Bielsa tiene razón

Vista las grandes dificultades para atacar un bloque bajo (cuando digo bloque bajo estoy pensando en un grupo coordinado, que domina los conceptos, que trabaja intra e interlíneas y que sus formas defensivas provienen de un profundo estudio de sus capacidades y de las del rival). Un bloque bajo en la perspectiva de este libro no es solo juntar y amontonar jugadores cerca de nuestra portería. Ello lo hace cualquiera, la dependencia de los geniales puede incrementarse. Pero como dice Bielsa: "Hay cosas que solo pueden hacer algunos jugadores excepcionales. Pero también hay cosas que el resto de los jugadores no pueden hacer, no por falta de talento, simplemente porque nunca se las enseñaron".

Este capítulo dedicado al ataque, va dirigido a construcciones ofensivas destinadas a evitar la dependencia de los "geniales" (donde ellos a veces tampoco pueden contra bloque bajo).

3.3. El dilema de atacar un bloque bajo: el efecto espejo

Es lógico pensar que a mayor variabilidad de movimientos de adversarios y ocupación de espacios, mayores dificultades perceptivas y de toma de decisión. Curiosamente, el bloque bajo defensivo tiene alta estabilidad respecto de la ocupación de espacios y de los movimientos de sus jugadores (que por curioso **efecto espejo** también provoca estabilidad en quienes lo atacan). Sus patrones tienden a repetirse y a hacerse cada vez más obvios. Es más, un bloque bajo defensivo ya es una obviedad para quien lo ataca. Sin embargo, miles de equipos alrededor del mundo y en todas las categorías exhiben dificultades para poder doblegarlo. Atacar el bloque bajo se ha convertido en un dilema: en tiempos de jugadores que son entrenados para "jugar inteligentemente", donde es bastante fácil comprender lo que está ocurriendo defensivamente, resulta bien difícil articular los movimientos ofensivos para romperlo.

Además, como si fuera poco, no solo resulta difícil articular los movimientos para romperlo. Además, por si fuera poco lo poco, la dificultad es doble: por la propia densidad defensiva resulta difícil traducir a gol la situación creada (los porcentajes de blocajes de remates en bloque bajo son más altos que la media, porque básicamente "hay más piernas obstruyendo" que la media). No en vano **Marco Van Basten** sentenció: "Cada vez es más difícil chutar desde fuera del área" (a lo que podemos agregar: cada vez es más difícil rematar y cada vez es más difícil que ese remate supere los intentos de blocajes defensivos).

A Corea del Sur no le faltaron remates a la portería en la final que pierde del Mundial Sub 20 con Ucrania. Pero así como a Corea no le faltaron remates, a Ucrania no le faltó su antídoto: los blocajes.

3.4. Predicciones técnico-tácticas en caso de evolución reglamentaria de las sustituciones

A modo balonmano, el reglamento irá hacia sustituciones libres y sin interrupción del juego. Ello lo hará mucho más rico e interesante desde el punto de vista táctico.

Si defiendes bloque bajo y quieres potenciar tu área podrás incorporar los mejores zagueros cabeceadores y retirarlos en fases ofensivas del juego.

Si atacas bloque bajo y quieres potenciar tu iniciación, podrás armar la primera línea de juego (la que tradicionalmente corresponde a los "defensores") con jugadores con características de grandes pasadores o rompedores en regate 1x1, tal cual lo hacen determinados mediocampistas.

Si atacas bloque bajo y quieres, por ejemplo, potenciar el 1 vs 1, desmarques de ruptura y envíos aéreos al área, puedes reemplazar tus marcadores laterales por extremos y volver a cambiarlos tras pérdida (en caso que sea sustitución libre como en el balonmano, las mismas se pueden hacer solo por un sector del campo de juego, lo cual permitiría un solo cambio lateral-extremo).

Si defiendes bloque bajo y tu alternativa ofensiva es el juego directo, podrás disponer de tus delanteros siempre en "modo fresco", ampliando el volumen y la intensidad de los contraataques, lo cual enriquecería el juego y el espectáculo: los jugadores ya no necesitarían reponerse para volver a realizar un sprint. Los dos delanteros (suponiendo que el bloque bajo es 4-4-2) pueden cambiarse cuantas veces se quiera. No solo eso, las sustituciones indefinidas le permitirán al entrenador ver que dupla atacante fluye mejor en esa sociedad ofensiva.

Comienza con A-B...

Pero luego prueba con C-D y si lo desea con A-C, A-D, B-C y B-D.

¿Se dan cuenta? Por incremento natural de las combinaciones el juego puede ser enriquecido hasta el infinito.

El universo de variabilidad táctica se multiplicará exponencialmente y con ello la oferta técnico-táctica en el juego.

3.5. Cuando vas perdiendo y te defienden bloque bajo

Cuando un equipo gana una ventaja y se dedica a "cuidarla" suele acudir al bloque bajo. El equipo que lleva la desventaja sale a recortarla con presión alta tomando el "protagonismo" del juego. Es un concepto a revisar.

Porque de recuperar el balón en esa zona, quienes defienden no se alejan de su zona de *confort*. A veces es preferible, aún ante la urgencia, retroceder a un bloque medio para que quede la posibilidad de encontrar algún espacio desajustado. La necesidad te lleva pero eso no significa que te convenga. En esa presión normalmente hay comportamientos del oponente que se repiten: el equipo no se va a descompensar defensivamente porque su idea madre es proteger la ventaja. Jugará entonces un juego directo a los delanteros. Es decir, de las tres líneas defensivas liberará una y mantendrá ajustadas las otras dos. En el peor de los casos, estas dos líneas defensivas temporizan lo máximo posible para permitir el reingreso de la primera línea.

En este caso ahogarlos es detenerlos en el territorio que ellos han elegido. Es un dominio territorial pero no táctico. A veces la solución pasa por la reversibilidad de pensamiento: ceder dominio territorial pero ganar dominio táctico.

Sin necesidad de estar perdiendo en el resultado esto es lo que ha ensayado **Guardiola** como opción de pensamiento lateral para poder romper los insistentes y repetitivos bloques bajos que les ofrecen los rivales: en lugar de pensar ideas sobre cómo romper el bloque bajo, su idea fue evitar su consolidación. ¿Cómo? Ofreciendo más repliegues que los habituales (algo que ensayó a finales de Premier 2018/2019 y mucho está aplicando en 2019/2020) para poder entregar pases más verticales como primera opción antes de ir directamente a ofrecer un juego posicional. Arsenal sufrió un Manchester City de transiciones que lo goleó sin piedad. Manchester City se encuentra en pleno período de reinvención (y eso es muy bueno). Se permite otros bloques defensivos y más transiciones en ataque. En esa reinvención tienen a un De Bruyne como un excelente **organizador, asistidor** y **finalizador** en las transiciones. Lo que le conviene a De Bruyne le conviene al City. Y lo que le conviene al City le conviene a Guardiola.

¿A **Mbappé** lo prefieres ahogado de espacios o prefieres que tenga un mínimo razonable de espacio? De lo que se trata es de buscar hasta encontrar el **espacio óptimo,** que probablemente haya que buscarlo en un espacio que medie entre el bloque alto más alto y el bloque bajo más bajo.

Entonces, queda bien claro que **se puede elegir un bloque defensivo más retrasado por elección ofensiva antes que por elección defensiva. Puedo elegir la defensa por como quiero defender, pero también puedo elegir la defensa por como quiero atacar.**

3.6. CAMBIOS EN LA ZONA DE LOS ENVÍOS AL ÁREA

En un fútbol tradicional, los centros solían enviarse desde zonas 16 y 18 (generalmente extremos). En el fútbol moderno esas dinámicas han cambiado. Ahora, un buen número de envíos se producen desde las zonas 13 y 15 (generalmente laterales que se encuentran adelantados en el campo o extremos que retroceden por ausencia de espacios para progresar).

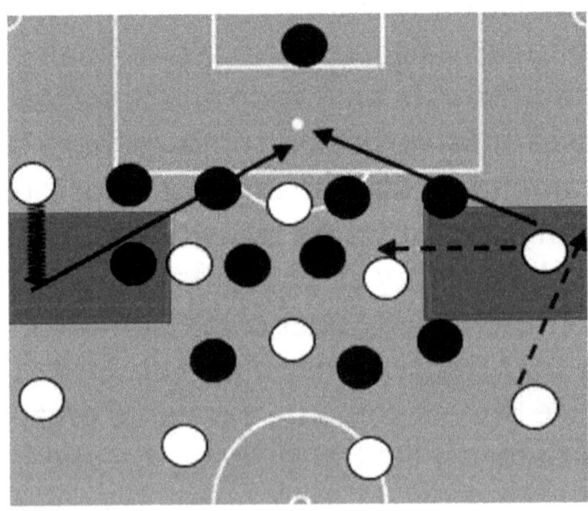

Existen un par de motivos:

1) La estructuración del bloque bajo defensivo provoca, ante circulaciones de balón improductivas, envíos al área como última solución para ese ataque.

2)   El regreso del balón hacia atrás provoca la salida de los defensores hacia delante, permitiendo una mayor amplitud de espacio entre ellos y el portero, el mejor espacio donde debe caer un balón (porque encontrará a los delanteros corriendo hacia adelante –desplazamiento natural- y a los defensores recuperando hacia atrás –desplazamiento antinatural-).

3.7. Sistemáticas – Jugadas - ABM

El bloque bajo defensivo acerca mucho el fútbol a sistemas defensivos zonales del balonmano o el básquetbol.

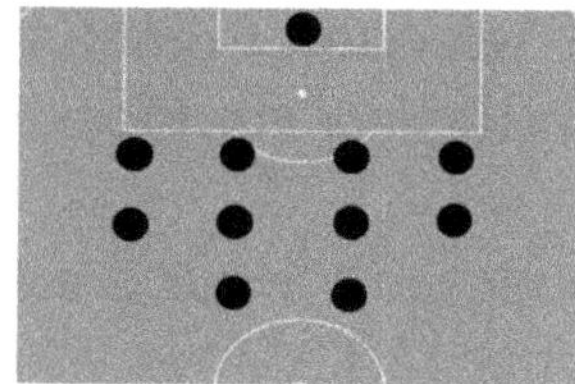 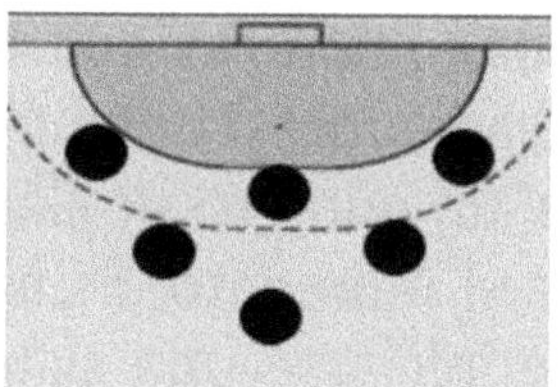 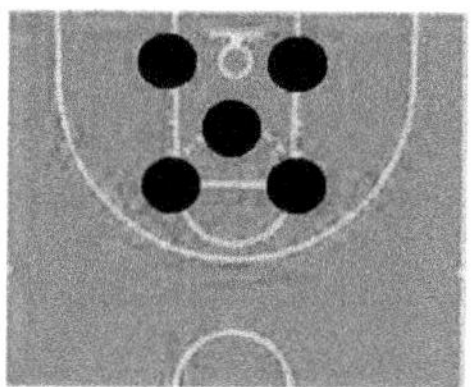

Al estructurarse normalmente en tres líneas defensivas, replegándose hacia atrás y hacia dentro, facilita la estructuración del ataque. Y como las circulaciones de balón periféricas se igualan con el balonmano, en esa igualdad, al fútbol se le abre la posibilidad de trabajar con la implementación de sistemáticas o jugadas preparadas en movimiento.

¿Recuerdan a los bases de básquetbol poner su mano en la cabeza o levantar un puño? ¡Están marcando una jugada! ¿Recuerdan al armador central en balonmano gritar un número o un nombre? ¡Están marcando una jugada!

Esto mismo será el fútbol ofensivo que se viene para jugarle al bloque bajo. La rigidez defensiva permite cierta "rigidez ofensiva" (en el sentido que la creatividad de laboratorio táctico se utilizará más que nunca proveyendo respuestas que se iniciarán preestablecidas pero que el propio juego las hará adaptarse).

Ante semejante orden defensivo, ya no alcanza con reclamar el "caos ofensivo espontáneo", porque cada vez más vemos como ese orden termina devorándose esa espontaneidad. El caos ofensivo deberá ser mucho, trabajado y variable.

Ya no hablaremos solo de las ABP ofensivas (Acciones a Balón Parado) sino también las ABM ofensivas (Acciones a Balón en Movimiento). Acá no estamos hablando solo de las "famosas rutas de pases" en fútbol ("rota de pelota" en hockey) o de una simple permuta de puestos. Estamos hablando de coordinaciones ofensivas bastante más complejas donde intervienen un número alto de jugadores. En la NBA, los San Antonio Spurs (donde jugaba **Ginobili** y donde dirige **Popovich**) llegaron a tener casi 90 sistemáticas (estamos hablando de distintas iniciaciones y respuestas y sus respectivas variantes a cada una), mientras que la Selección Argentina de Handball (Los Gladiadores) tiene más de 40 y equipos de hockey de alto nivel un número similar.

En el fútbol, por el momento, es impensado llegar a ese número, pero debe iniciarse una sistematización más profunda en esta dirección. ¿Por qué impensado? Básicamente razones culturales, el jugador de fútbol históricamente está adaptado a entrenar las ABP (y en muchos casos ni siquiera estas) pero no aún las ABM. El juego con balón en movimiento ha estado tradicionalmente asociado más a una cierta libertad por parte de los jugadores en la toma de decisiones. De ahí que se haya hablado tanto en los últimos años de la "formación del jugador inteligente" (aquel que comprende la dinámica natural que va entregando el juego y ofrece respuestas acorde a él).

El mundo de la invención e innovación de las ABM tiene su límite en la combinación del pensamiento táctico del cuerpo técnico vinculado a la imaginación y creatividad que dispongan para crearlas. Como consejo, recuerda aquí que el secreto para crear consiste en disminuir al máximo el control cognitivo. ¿Qué significa esto? Que luego de forzar el pensamiento aplicado a una tarea específica debes abandonar la tarea momentáneamente para que las ideas comiencen a fluir con mayor naturalidad. Cuando John Lennon escribió *No where man*, la canción llegó a su mente cuando se fue a acostar tras haber pasado días queriendo escribir el tema sin poder lograrlo. Albert Einstein decía que la creatividad era residuo directo del tiempo perdido. Él llevaba meses buscando formular la "teoría de la relatividad", pero no fue hasta que se sentó a tocar el piano para distraerse que logró visualizarla.

Como Lennon o como Einstein, trabaja duro en la creación de tus ABM, pero después de ello retira la exigencia cognitiva para que las ideas puedan aparecer por si solas. No es casualidad que el entrenador **Héctor Cúper** reconociera en el teatro una fuente de inspiración. O a menudo, **Simeone** pensando ideas en el cine, **Nagelsmann** en la ducha o conduciendo una bicicleta y hasta **Sir Ferguson** jugando a las cartas o abstraído en una lectura que nada tiene que ver con el fútbol.

Advertencia: las jugadas preparadas, las "sistemáticas" o las ABM tienen el vuelo que les permita el oponente. Con jugadores inteligentes en el juego defensivo, que comprendan rápidamente la oferta de ese juego posicional, las ABM pueden ser desarticuladas en el segundo, tercer o cuarto movimiento. Ello no tiene que ser motivo de frustración para la ofensiva, donde a partir de ese momento deberá reiniciar una nueva ABM (cosa poco probable) o continuar con un juego libre inteligente desde donde se abortó la sistemática. Será imprescindible aquí dos cosas: 1) no caer en la frustración por la interrupción de la ABM; 2) Interpretar rápido el nuevo contexto donde queda situado el juego luego de su interrupción. Una ABM puede ser reemplazada, un jugador inteligente jamás.

Es que, justamente, este es uno de los objetivos de las ABM como procedimiento táctico colectivo. En principio generar una **desestabilización total** del rival, pero como ello rara vez ocurre, generar una **desestabilización parcial**

que permita utilizar otros medios tácticos a partir de los ya utilizados.

En las ABM siempre participarán los once jugadores, aunque no estrictamente en el procedimiento táctico: están quienes ejecutarán la ABM propiamente dicha, están quienes reaccionarán ofensivamente con un apoyo o un desmarque y estarán quienes quizá solo realicen una vigilancia defensiva. Pero ¡todos deben participar del juego de una manera u otra!

¿Que en el balonmano es más fácil porque solo hay que coordinar seis jugadores (siete si cambiamos el portero por otro jugador de campo)? ¿Que en el básquetbol es más fácil porque solo hay que coordinar cinco jugadores? Tiene usted razón. Para ello le propongo segmentar su equipo en diferentes sub-equipos donde estarán los iniciadores (aquellos que despliegan la sistemática) y los respondedores (aquellos que tienen que interpretar inteligentemente los resultados de la sistemática para intervenir):

1) Grupo iniciación
2) Grupo finalización
3) Grupo ala derecha
4) Grupo ala izquierda
5) Grupo periféricos
6) Grupo interiores

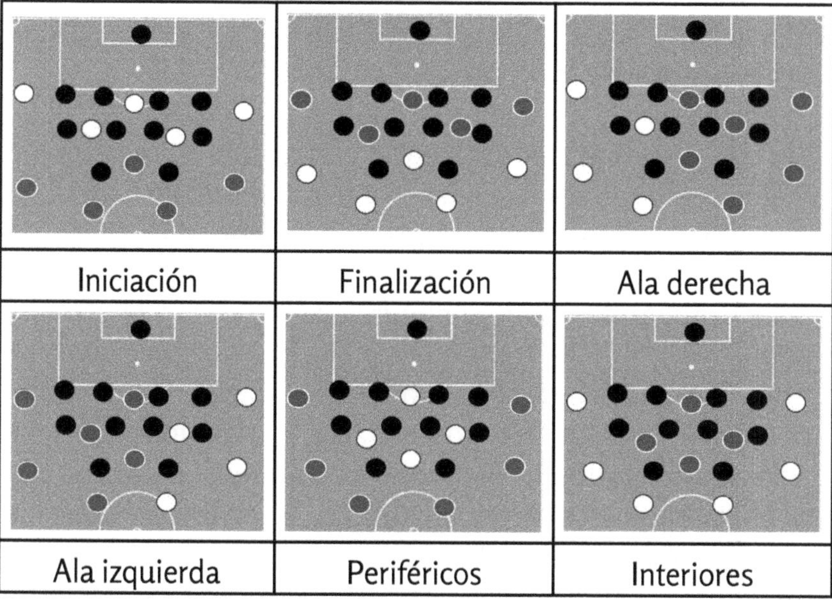

Iniciación	Finalización	Ala derecha
Ala izquierda	Periféricos	Interiores

El jugador de fútbol no está acostumbrado al entrenamiento de ABM y puede llegar a llevar años su aceptación. Ello no quiere decir que no sea un paso necesario que deba darse para poder desarticular defensas tan replegadas, densas y coordinadas (quizá este último razonamiento sea una buena introducción para que el jugador comprenda la necesidad de evolucionar). Pero antes que el jugador, deberán evolucionar los entrenadores al aceptar evoluciones de este tipo (originalmente de otros deportes) para mejorar el juego.

Finalmente, luego de haber interiorizado la coordinación de los movimientos sin oponentes, las ABM deben ser entrenadas evitando que los "rivales" conozcan el contenido de ellas. Una buena forma de evitar ello es realizar partidos amistosos con rivales de menor categoría o jugar alternadamente contra distintas divisionales menores del mismo club.

3.8. EL JUGADOR QUE CAMBIA DE POSICIÓN INICIAL COMO REFERENCIA DEL JUEGO

En las sistemáticas de ataque con balón en movimiento ABM usted tiene como mínimo dos formas de iniciarlas:

a)   A lo balonmano o básquetbol: donde se indica el "número" o "nombre" de la jugada y los jugadores responden a ella. Es muy útil cuando los jugadores respetan la posición inicial.

b)   Con cambio de posición inicial. En ese caso el equipo no necesita "cantar" ninguna jugada. El cambio de posición inicial lo dice todo. Por ejemplo, ubicamos al defensor central cabeceador como interior derecho. Es evidente que buscaremos un inicio de sistemática de ataque donde el juego se concentre sobre el sector izquierdo, donde centraremos y donde este defensor central atacará el área en busca de cabecear (*algo así como jugó Barcelona en vuelta de semifinal de Champions 2010, desde que Piqué fue a jugar de "doble 9" con Bojan*).

Hay que diferenciar algo aquí: una cosa es hacerlo en situación de emergencia (como Piqué) y otra es hacerlo como parte de la planificación del juego.

3.9. EQUIDISTANCIA ESPACIAL INTERIOR

En la fase de juego posicional frente al bloque bajo, los jugadores del interior han de ponerse lo más equidistante posible en la zonas que componen cuatro elementos defensivos de un bloque de la red. De esa forma:

1)   Se tendrán más posibilidades de fijar mayor cantidad de componentes defensivos.

2)   Habrá más posibilidades de confundir en la asignación de marcas cuando se produzcan los desplazamientos hacia desmarques.

3)   Dispondrá de más milisegundos al momento de ser receptor del balón (usted puede pensar, "tanto lío por unos milisegundos". Sí, porque milisegundos constituyen la diferencia entre un control y un anticipo, entre un pase filtrado y una obstrucción de esa línea de pase, entre un toque a la red o que el balón pase delante de las narices). En la alta competencia, milisegundos definen la gloria o el fracaso.

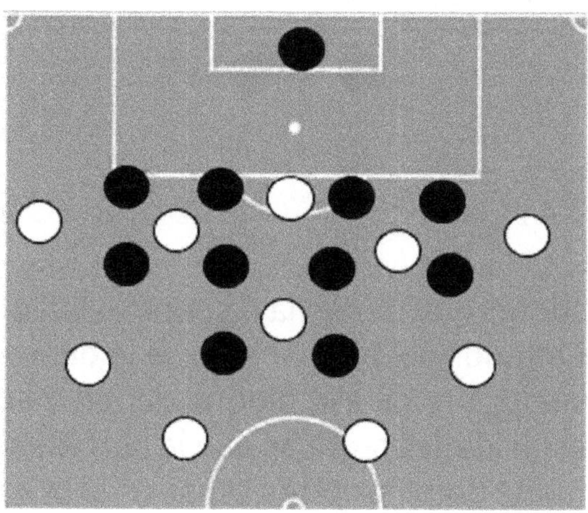

La equidistancia espacial interior es un concepto dinámico, que se reajusta a medida que el bloque bajo va cambiando su densidad defensiva, sus profundidades y anchuras, sus movimientos de disuasión, marcaje a distancia o en proximidad.

La equidistancia espacial interior es un concepto para la circulación del juego en general y disponer de un punto de partida que permita la mayor cantidad de desplazamientos de desmarque o apoyo sin balón. Ahora bien, cuando un jugador decide romper la equidistancia para posicionarse en distintos ángulos de ese bloque de red, lo que hace es entregar información no verbal de intervenciones específicas de juego.

Veamos un ejemplo:

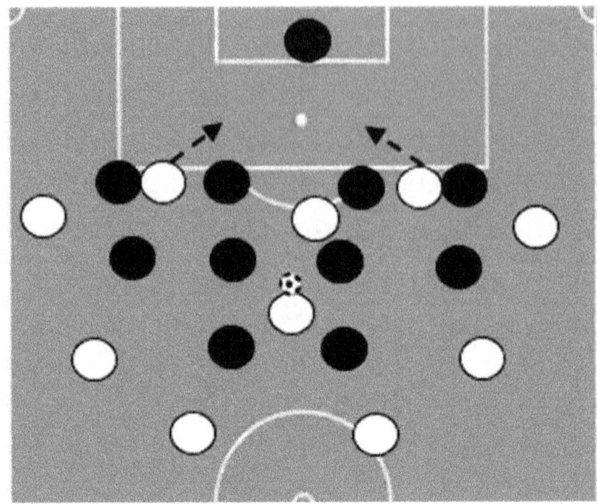

A los jugadores que tienen la responsabilidad de ser parte ofensiva del interior del bloque bajo se le debe educar en la utilización inteligente de ese bloque de red y en el resto de las nueve posibilidades teóricas que le permite ese subespacio. Nadie puede dominar otros espacios si primero no sabe dominar el propio.

Los nueve subespacios son:

Equidistancia central	Equidistancia lateral exterior	Equidistancia lateral interior
Equidistancia profunda posterior	Equidistancia profunda anterior	Ángulo profundo exterior
Ángulo profundo interior	Ángulo anterior exterior	Ángulo anterior interior

De una situación de ángulo anterior exterior, bien pudo Agüero empatar el partido en la última jugada ante el Norwich por Premier League 2019 (2-3). Ese posicionamiento inicial le permitió recibir perfilado e iniciar una conducción de balón hacia dentro que finalizó con remate atajado por Krul.

Esta terminología fue desarrollada para este punto en particular y poder apreciar sus fortalezas. A los jugadores siempre hay que simplificarles el mensaje.

3.10. Disposición inicial en el ataque posicional

Con este desarrollo teórico, cada entrenador puede sistematizar sus puntos de partida iniciales en el ataque (tal como tiene el entrenador rival sistematizados sus puntos de partida defensivos) para iniciar de esta forma la circulación de balón y la combinación de medios ofensivos de ataque.

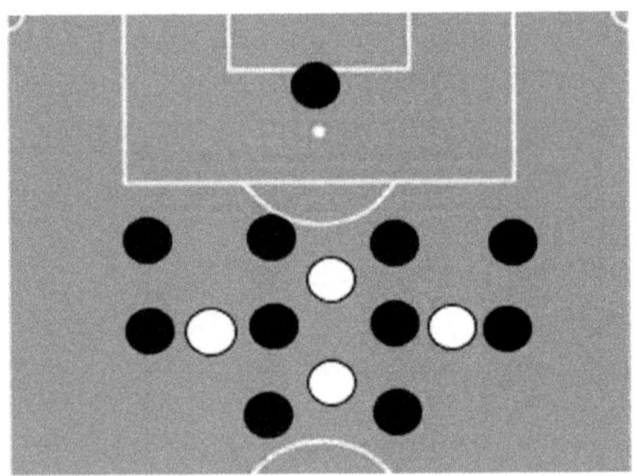

En el ejemplo de la gráfica el entrenador elige cuatro jugadores para el interior de la red defensiva del bloque bajo y cada uno desde una posición inicial:
1) Dos jugadores en equidistancia profunda anterior.
2) Un jugador en equidistancia central.
3) Un jugador en equidistancia profunda inicial.

3.11. Ángulo anterior exterior y ángulo anterior interior

¿Para qué sirven estas localizaciones? Nada menos que para poder posicionarse de frente a la portería en el espacio entre dos líneas: **Phil Neville** ha contado las dificultades que llevaban sus jugadoras de la Selección de Inglaterra enfrentando un bloque bajo, admitiendo que en muchas oportunidades debían darse vuelta para poder enfrentar situaciones de uno contra uno. El movimiento del balón por fuera debe llegar a una posición que exceda a este jugador. Mientras tanto, el futuro receptor debe mantenerse lo más cerca posible de la línea defensiva que tiene a sus espaldas y teniendo siempre permeable una línea de pase. Hay que estirar rápido la última línea defensiva de la anterior (aunque también se puede hacer entre la primera y la segunda línea defensiva). Poder atacar en el interior de la red de una conformación defensiva a bloque bajo suele ser una tarea ciclópea. Estos posicionamientos agregan posibilidades de lograrlo (aunque como todo, porque el rival juega no existen las garantías).

3.12. "EL QUE DA EL PRIMER PASE ES EL BUENO"

Guardiola recordaba la siguiente anécdota en diálogo con **Valdano**: "**Cruyff** fue original contratando a **Ronald (Koeman)**, el pagar más al de atrás. Siempre se pagaba más al de adelante y él fue original: para dar el proceso de darle a este (mediocampista) a este (delantero). Siempre decía: los que organizan ¿juegan de pivote o de base? El que da el primer pase es el bueno. **Curry** (base en la NBA) es el bueno".

3.13. TERCER HOMBRE

A menudo te encontrarás volviendo el balón hacia atrás frente a un bloque bajo que te cierra espacios y te obliga a reiniciar. Cuando ese balón vuelve hacia atrás, es el momento donde, normalmente, todos los equipos achican espacio hacia adelante. Cuando vuelve ese balón hacia atrás se produce un automatismo defensivo. Cuando se produce el automatismo se desactivan ciertas alarmas. "El balón está volviendo hacia atrás, reiniciarán el juego", pueden pensar.

¿Ventaja? Es el momento de atacar. Cuando ellos no lo esperan. ¿Desventaja? Se intenta filtrar un pase por una zona densamente congestionada.

Esas situaciones repetitivas deben ser aprovechadas para introducir el concepto de tercer hombre cada tanto. Nunca hay que dejar de entrenar "tercer hombre". Hay un anticipo perceptivo-espacial: "siendo el tercero, me desmarco para el segundo, cuando este aún no recibió del primero". Si tenemos poco espacio, tenemos poco tiempo. De esta forma agilizo el juego quitando un segundo de comprensión al rival, aprovechando sus movimientos inconscientes de salida hacia adelante. Para dos direcciones a la vez es imposible correr, así que mientras ellos corren para adelante, el tercer hombre tiene que estar corriendo (desmarque de ruptura hacia adelante).

No en vano **Xavi** decía "el tercer hombre es imposible de defender". Y daba el siguiente ejemplo: "Imagina a **Piqué** queriendo jugar conmigo pero estoy marcado. Me aparto y me llevo al marcador. **Messi** baja y pasa a ser el segundo hombre. **Piqué** es el primero, Messi el segundo y yo el tercero. Piqué juega con el segundo hombre que se la devuelve de primera, en ese momento aparezco yo, dejo clavado a mi defensor, que se ha despistado mirando el balón y Piqué me pasa desmarcado. En ese momento me convierto en el tercer hombre. Es **Cruyff**. Es una evolución de los triángulos holandeses".

Claro que nada sencillo es esto ante un bloque bajo. Los lejanos no están tan lejanos y los cercanos están demasiado cercanos.

El futuro del fútbol ofensivo será el "doble tercer hombre". Parafraseando la definición anterior sería: "siendo los terceros, nos desmarcamos para el segundo, cuando este aún no recibió del primero".

3.14. EL PASE ANTE BLOQUE BAJO

La descripción más típica del pase frente a bloque bajo habla de mover ese bloque y poder crear los espacios para conducir a su interior, realizar diagonales y atacar los espacios.

El objetivo nunca será solamente moverlo porque será un objetivo incompleto. Con solo moverlo el bloque irá de aquí hacia allá sin perder su consistencia. El objetivo es fracturarlo. Y además fracturarlo en ancho (quebrar la línea horizontal) y en profundidad (separar las líneas entre sí y provocar distintas profundidades en una misma línea). Pero aún eso no alcanza, la fractura tiene que ser alcanzada por una utilización inmediata y repentina, porque de no hacerlo, al igual que cualquier fractura ósea, la fractura táctica tiende a soldarse en instantes (el instante de retardo es el instante de solidificación).

No es el encadenamiento de pases en sí lo que va a fracturar un bloque bajo, sino su combinación con desplazamientos de distintos tipo (desmarques de apoyo y de ruptura).

3.15. ENGAÑO INDIVIDUAL COMO ESTRATEGIA COLABORATIVA

El bloque bajo obliga a optimizar distintas características de engaño que deben ser utilizadas (por cuestión de espacios recortados) en la menor unidad de tiempo posible. ¿Cómo pasar entre líneas si el espacio promedio en el Mundial 2018 entre la defensa y los atacantes era de 26 metros? Eso obliga a acelerar todos los tiempos (de ejecución) y tiempos de creación (de engaños). Por ejemplo del pase. El pase tradicional frente a un bloque bajo solo tiene la misión de una continuidad del juego sin posibilidad de sorpresa. Será necesario entrenar a los jugadores en una amplia mejora de la visión periférica vinculada al pase, para que este pueda realizarse en situaciones donde se aparenta (aquí el engaño)

pasar en otra dirección. El pase tenso y bien direccionado ya no alcanza ante defensas de este tipo. Su combinación con el engaño lo ubicarán en un estadio disruptivo superior. De nada servirá ese engaño si además de a un rival engaña a un compañero, por lo cual estos jugadores deberán realizar desmarques de apoyo o ruptura cuando "el juego no lo pide".

Otro tipo de engaño (*realizado por Corea del Sur en la final Mundial Sub 20 contra el bloque bajo de Ucrania*) no consiste en el pase propiamente dicho sino en la recepción del mismo (o en la no recepción del mismo). Se trata en fingir un apoyo (de un pase normal para meter el balón al interior de la red) pero jamás recibirlo, sino dejarlo correr para que llegue a la línea siguiente y realizar un giro para ir a asociarse con el receptor del balón.

Otro engaño bien útil es, como bien lo recuerda el entrenador Manu Rodríguez, el giro envolvente.

Piensen ustedes que, debido a las muy sincronizadas basculaciones, el giro envolvente se hace imprescindible como estrategia de engaño para intentar sorprender por el lado donde ya no lo esperaban. Quizá te haya sido imposible no recordar a **Xavi Henández** en esta descripción. Y Xavi se ha enfrentado (con Barcelona y la Selección de España) casi más que nadie a defensas muy replegadas. ¿Casualidad? No lo creo.

3.16. OTRAS ADAPTACIONES TÉCNICAS: EL REMATE

Así como el pase debe evolucionar hacia el engaño, el remate debe hacerlo hacia el menor recorrido posible del pie para su ejecución. Es muy numerosa la cantidad de remates blocados con defensa ante bloque bajo. Atlético de Madrid en 2013, por tomar un ejemplo, fue el equipo con mejor porcentaje de remates blocados (38%). ¡De cada diez te blocaba casi cuatro, ¡una bestialidad! Sin que importe su nombre aquí, uno de los atacantes de Manchester City (equipo que suele atacar bloque bajo bastante más que la media) es, en ciertas oportunidades, discutido por la afición debido a la cantidad remates blocados que recibe. Será imprescindible para bajar esos números acelerar los tiempos del remate (cuando el balonmano incrementó sus niveles de blocaje, la respuesta de adaptación ofensiva fue dejar de realizar lanzamientos en el clásico ciclo de tres pasos para empezar a lanzar en dos y un paso. En los últimos años se ha llegado al extremo de lanzar en paso cero).

El fútbol ofensivo necesita de adaptaciones evolutivas (y para ello será necesaria la innovación técnica) en este sentido para evitar tanto blocaje. Mientras tanto, una de las soluciones será, en el área, aumentar los porcentajes de remates ejecutados "de puntín" (como hacía **Romario**).

Las estadísticas son abrumadoras. El Betis de **Quique Setién** ha perdido partidos en los cuales ha rematado a la portería en 20 oportunidades (contra 6 de su rival). Pero de esos 20, ¡10 han sido blocados! El Leeds de **Marcelo Bielsa** ha perdido partidos en los cuales ha tenido un 71% de posesión y 17 remates a la portería. Pero de los 17, ¡8 han sido blocados!

Las altas densidades defensivas conspiran contra los remates. Messi tuvo 8 remates blocados sobre 17 intentos en la Copa América de 2015.

En términos de entrenamiento, no tendrá ninguna razón de ser realizar ejercitaciones de 1x0 con el portero (porque en bloque bajo son casi inexistentes) y mucho menos con tiempo del balón en los pies para resolver. Esos driles tradicionales de pase y devolución ya eran vetustos hace algunos años. Ahora directamente pertenecen al paleozoico. Se entrenará para un juego que, frente a bloque bajo, no entregará jamás esa situación.

A nivel de entrenamiento, todos aquellos ejercicios que le entreguen tiempo de definición al rematador pueden ser

buenos para la técnica, pero necesariamente serán malos para el juego. El ejercicio puede esperarte, el juego no.

3.17. DIRECCIONAR EL REMATE

Ante la multiplicación de blocajes de remates frente a defensa en bloque bajo es necesario seguir repensando las formas de aumentar su efectividad. Pensémoslo de esta forma: si ante una defensa altamente replegada llegamos a un área súper poblada de piernas, es porque también llegamos a un área súper poblada de brazos, ¿verdad?

Las matemáticas son simples aquí. Exceptuando al portero, si nos encontramos con 18 piernas, también nos encontraremos con 18 brazos.

Pues será momento de direccionar menos el balón para que rebote tanto en esas piernas (y aumentar así los porcentajes de eficacia de las defensas muy replegadas en general y de los blocajes en particular) y que comience a rebotar en esos brazos. Porque al fin y al cabo, los defensores pueden hacer movimientos intencionales de blocajes con sus piernas, pero no pueden hacerlo con sus brazos. Va de suyo que la orientación del remate no puede encontrar oposición consciente ahí. Por el contrario, encontrará un alejamiento consciente de esas extremidades superiores.

Y mejor aún, si la consciencia falla y el instinto traiciona, nos haremos acreedores a un tiro penal, la gracia opuesta a la pretensión de un bloque bajo: el remate sin oposición de ningún defensor en ninguna forma. Las antípodas de la pretensiones del bloque bajo: evitar la situación de 1x0 con el portero.

Así, buscando un acierto (remate a gol) nos podemos encontrar con un error (penal) o buscando un error (penal) podemos hallar un acierto (remate a gol).

3.18. LOS BLOQUE BAJOS TAMBIÉN TIENEN DEBILIDADES

*Cuando Inter en semifinal de Champions 2010 con Barcelona se atrinchera en bloque bajo luego de la expulsión de Motta, exhibe una debilidad teórica instantánea en su reordenamiento: la red defensiva tenía en sus vértices de la primera línea dos jugadores que se aplicaron a la tarea, pero lejos estaban de ser especialistas en ello: **Milito** por derecha y **Eto'o** por izquierda. Sumado a cierta asimetría cuando **Sneijder** se ponía por delante, **Cambiasso** más en eje, **Chivu** más cerca de Eto'o.*

Debilidad simétrica inicial por delanteros en marcaje de bandas sumado a debilidad asimétrica acentuada por menor densidad defensiva del lado de Milito.

Además de ese déficit interpretativo en el juego posicional, Barcelona nunca supo aprovechar las espaldas de Milito, Eto'o o Sneijder cuando estos animaron a transiciones aisladas (Cambiasso y Chivu jamás se unieron a las transiciones). Barcelona nunca pudo hacer una transición propia desde la transición ajena.

3.19. ¿CUÁL ES LA MEJOR FORMA DE ATACAR UN BLOQUE BAJO?

Impidiendo que se estructure y consolide. Recordemos aquí lo que decía **Herbert Chapman** en algunos de los párrafos anteriores. O sea, **la mejor forma de atacar un bloque bajo es evitando que el equipo rival se posicione en bloque bajo**. Paradójico. Aprovechar la fase de reorganización, esa faceta en la cual un equipo no es tan equipo, no es todavía del todo equipo. Una etapa que quizá venga de algunas aventuras individuales (necesarias claro). El bloque bajo maximiza el rendimiento colectivo defensivo. Esto tiene bastante que ver con "el dilema del prisionero" que se observa

en "la teoría de los juegos": "Si cada integrante del equipo busca maximizar su propio rendimiento, el equipo pierde".

Una vez constituido: ¡se juega igual que un ataque posicional en balonmano o básquetbol! Y hasta se pueden cantar jugadas si no hay presión en la primera línea defensiva.

En un partido de Premier League, Manchester United de **Ole Gunnar Solskjaer le plantó bloque bajo al Liverpool de Klopp. En cierta forma lo incomodó al no permitirle correr las transiciones. Klopp puso la responsabilidad en el United por las características que tuvo el juego** ("Este año, el año pasado, el año anterior, siempre se dedican a defender. No es crítica, es un hecho. Cuando juegan **Manchester United** y **Liverpool,** uno pensaría que los dos equipos van a intentarlo, pero no es así. Solo nosotros lo hacemos") **y fue Mourinho quien dijo:** "A **Klopp** no le gustó el menú: a él le gusta la carne, pero le dieron pescado. El **United,** con las limitaciones que tiene en este momento, jugó con cinco en el fondo, estuvo sólido y nunca dio las chances de hacer transiciones. A **Klopp** no le gustó el menú. **Liverpool** pierde calidad cuando juega contra equipos de bloque bajo".

Piénsalo de esta forma: si según Mourinho nada menos que Liverpool (subcampeón de Premier 2018/19, subcampeón de Champions League 2017/18, campeón de Champions League 2018/19, campeón de Mundial de Clubes 2019, campeón de Premier League 2019/20) pierde calidad ante equipos de bloque bajo. ¿Qué es lo que queda para equipos más normales y terrenales?

¿Se dan cuenta porque todos los equipos del mundo deben dominar esta forma defensiva? Porque si o si convivirán en algún momento con ella. O se servirán como arma defensiva (y preparación de su ofensiva) o necesitarán desentrañar sus trampas y condicionamientos para poder atacarla con sabiduría. Puede gustarnos más o menos. Lo que no podemos hacer es ignorarla.

La realidad es que todos los equipos la utilizan y todos la sufren alguna vez: Liverpool la sufrió del Manchester United, pero la ha aplicado en tramos del juego contra el Barcelona y contra el Tottenham en final de Champions League. El Barcelona de **Valverde** la ha utilizado pero la ha sufrido contra el Valencia de **Marcelino García Toral**. Y así. A propósito del bloque bajo de Barcelona, el entrenador francés **Claude Puel** hace una observación muy interesante en un reportaje a periódico El País: "El problema del Barcelona en los grandes partidos es que vemos dos o tres futbolistas que no defienden. Con **Guardiola** hacían los esfuerzos para recuperar el balón arriba, como hace ahora el City. Ahora se repliegan u defienden con ocho o nueve y **Messi** y **Suárez** no regresan. No pueden hacer 70 metros a tope para bajar a hacer coberturas. Eso se traduce en dificultades. Han perdido la agresividad para recuperar la pelota arriba y eso implica que se abren, dejan espacios y se exprimen físicamente sin cualidades para ello. Sin continuidad posicional en campo contrario, debes ir y volver haciendo recorridos largos y Messi pierde conexión con el juego. Barcelona necesita que Messi intervenga con más frecuencia. Porque **cuando te repliegas a defender en bloque bajo debes defender con once jugadores. Con ocho no puedes.** Hay que elegir como quieren jugar y Barcelona no se ha decidido. Esta forma de abordar los partidos es suficiente para La Liga pero contra equipos que juegan a un alto ritmo es problemático. El Liverpool fue superior al Barcelona en la ida y en la vuelta".

3.20. CONTRAATACAR AL CONTRAATAQUE

Si la evidencia del juego nos muestra con claridad que el bloque bajo está imponiéndose a nuestro juego posicional (por algo algunos le llaman atacar en estático), es momento de profundizar en las transiciones. Aprovechar la mínima desorganización defensiva dentro de su máxima organización ofensiva: contraatacar el contraataque. *Carencia que mostró Barcelona frente a Inter 2010 (donde hubo algunas*

aventuras de Milito, Eto'o y Sneijder, en donde especialmente Milito tenía un recorrido largo de regreso a su posición defensiva. Jamás Barcelona lo vio como una oportunidad).

Algo similar ocurrió en el partido eliminatorio entre Rusia y España en Mundial 2018 con algunas excepciones de envíos directos de Busquets a Costa (donde quedaba emparejado uno a uno). Peor aún, España no supo gestionar la ventaja 1-0 en los momentos donde Rusia abandonó parcialmente el bloque bajo para insinuar algún tipo de presión alta. Más grave aún, España superó con facilidad la primera línea de presión, pero luego de ello, en lugar de acelerar el ataque combinativo, volvió el balón hacia atrás para exagerar su posesión con largas y repetidas circulaciones balonmanísticas de banda a banda (por regla general cuanto más larga la posesión, más se lentifica el juego): lateral derecho, mediocentro, central derecho, central izquierdo, mediocentro, lateral izquierdo. Esto que puede ser interpretado con el famoso "defenderse con el balón", impidió encontrar más opciones de aumentar la ganancia (lo dijo premonitoriamente el relator de Tele 5: "Uno a cero no es renta suficiente"). En el tiempo que duró el +1 en el resultado, este tipo de decisiones anuló algunas transiciones en las cuales España se encontraba de cara hasta con cinco jugadores rivales delante del balón, para luego del freno volver a encontrarse con once (una excepción fue cuando se buscó a Rodrigo directo al encontrar a Rusia desplegado en suplementario. No es casualidad que haya sido de lo más peligroso).

No supo (o no quiso) interpretar esos números asociados al espacio (cinco delante del balón en espacios amplios versus once delante del balón en espacios reducidos).

Cuando más tiempo (en pases) le dedicas a ordenar tu ataque, también le ofreces más tiempo a la defensa para ordenarse. Orden contra orden gana la defensa (caso contrario no estaríamos pidiendo a gritos el "caos organizado" en el ataque).

En la semifinal de ida de Champions League entre Atlético de Madrid y Bayern Munich, el equipo alemán (perdiendo 1-0) encadena una posesión de 1:16 y 19 pases. El único cambio de ritmo, la disrupción al juego, la alteración al orden defensivo, fue una secuencia de regates de Douglas Costa, coincidentemente el único momento donde reinó un cierto caos en la secuencia.

En el mismo partido, el segundo tiempo es de una posesión absoluta de Bayern y un repliegue profundo del Atlético. En ninguna de ambas primeras situaciones de gol medió un rompimiento del bloque bajo del Atlético: un remate de Alaba desde larga distancia y una ABP con cabeceo. La primera que rompe la estructura defensiva del Atlético fue aprovechar con una rápida transición el adelantamiento del equipo colchonero: en pocos pases poner de cara a Douglas Costa con Oblak. ¿El método? Contraatacar el contraataque. Era la primera vez que el equipo de Simeone hacía permeable su última espalda defensiva.

Es más fácil organizar defensivamente un bloque bajo que atacar un bloque bajo. Por eso suele ganar la defensa, porque sigue el principio de la navaja de Ockham o principio de parsimonia que básicamente es un principio metodológico de la Edad Media, según el cual en igualdad de condiciones la explicación más sencilla suele ser la más probable.

Piénsalo desde otra forma: si las transiciones rápidas aumentan el nivel de imprecisión por aquello de los niveles de dificultad de la técnica y cognición en velocidad (el famoso "efecto túnel" de los automovilistas), cuando el rival llega a colocarse en bloque bajo aumenta los niveles de imprecisión por ausencia de espacio y generación de inferioridades para atacar los lugares decisorios. Hay una engañosa certeza en el dominio y control del balón.

Cuando corres una transición eres dueño del balón y compartes el espacio. Cuando atacas un posicional a bloque bajo eres dueño del balón y el rival es dueño del espacio.

Esta es la principal razón por la cual debes contraatacar el contraataque de un equipo que te defiende bloque bajo.

Soy de los que creen que es más sencillo atacar en una transición veloz con espacio para correr, ¡aun en inferioridad numérica! y donde además reine de alguna forma el caos, que un juego posicional en poco espacio y con igualdad numérica (recordar aquí la anécdota del entrenamiento de Sacchi con Van Basten y Gullit sobre como los defensores en inferioridad numérica, pero con cierto orden, podían ganarle al juego ofensivo en superioridad).

En la final 2019 del Mundial Sub 20 se da una acción ejemplificadora en este sentido. Corea del Sur en ataque posicional. Ucrania en defensa replegada. Corea tiene una posesión de 1'38" y una secuencia de 23 pases (con algún rebote mediante). Ucrania, luego de recuperar el balón, corre un contraataque en inferioridad numérica (4x6) y en 14" y solo 4 pases consigue posicionar un jugador para que convierta un gol.

Prueba sobre la prueba, apenas unos minutos después Ucrania vuelve a contraatacar y en una situación (2x6, -4 pasando la línea de la pelota y 2 apenas después de ella) consigue rematar a la portería).

Es el marco de velocidad, incertidumbre y caos el que propicia que un 2x6 pueda resolverse de esta forma. Imaginen ahora ese 2x6 en un juego posicional. ¿Podríamos aspirar al mismo resultado?

Cuando se producen esas transiciones tan "grotescas" y ellas finalizan en gol (o un gran susto) es normal ver a los defensores centrales abrir los brazos y las palmas de las manos a sus compañeros como diciendo: "Ey, ¿qué pasó aquí?". Un pedido de explicaciones de lo que el mismo defensor central no puede explicarse. Y la explicación suele ser bastante simple, el caos desarrollándose en velocidad y con un escenario abierto es difícil de comprender y de acomodarse a él en la misma velocidad que el caos está sucediendo.

La mejor situación de gol de todo el segundo tiempo del Atlético de Madrid frente a Bayern Munich, por partido de ida de Champions 2015/16, fue un contraataque de 2 (Torres-Griezmann)x3 donde el remate de Torres pega en el palo.

Este tipo de situaciones, harto repetidas en fútbol, tienden a darle la razón, una vez más, a **Herbert Chapman**: la mejor forma de atacar una defensa es impedir que se consolide.

Otro punto importante aquí es cuanta relevancia le damos a la pérdida del balón. Muchos equipos desaprovechan esas oportunidades de contraataques en velocidad (aún en igualdad numérica y en casos extremos hasta en superioridad numérica), porque hay jugadores que tienen terror de ser los responsables de esa pérdida. Prefieren la seguridad de la conservación, antes que el riesgo de la aceleración. Son necesarios aquí entrenadores que, de acordar con estas ideas, liberen de esa responsabilidad a esos jugadores. Se sentirán más libres, tomarán más riesgos, fluirán más (como ya vimos en las primeras páginas, con todo lo positivo que implica "fluir") y encadenarán mejores situaciones en espacios más abiertos y con menor densidad defensiva. Perderán muchos balones, eso está claro. Pero no hay que temer de ello si las vigilancias defensivas se realizan correctamente.

En síntesis:

	Transición	Posicional ante bloque bajo
Inferioridad numérica	+	-
Igualdad numérica	++	+
Superioridad numérica	++++	++

- Las valoraciones responden estrictamente a análisis subjetivos del autor (en miles de partidos observados y analizados) a la espera que un estudio científico pueda validarlo o refutarlo.

Si la ausencia de espacio condiciona tus combinaciones, la moraleja es que debes aprovechar la presencia de ellos. Ser entrenador de balonmano me enseñó algo obvio (que por tan obvio a veces pasa de largo en el fútbol): **un posicional directo anula una transición para siempre. Una transición jamás anula un posicional, porque siempre se está a tiempo de detener la fase transitiva para dedicarse a la posicional.**

3.21. Alternar los tiempos de construcción del ataque posicional

Si efectivamente no pudimos (o no supimos) contraatacar el contraataque y toca atacar posicional frente al bloque bajo bien estructurado es recomendable alternar los tiempos de construcción del mismo. Debes sacar un plato elaborado que demanda muchos minutos de cocción tanto como un plato *express* del estilo *fast food*. Por regla general deberás alternar una fase de ellas de forma sostenida para luego sorprender con la otra (no importa aquí cual de ambas utilices para "hacer cree que" y cual utilices para sorprender).

Portugal, en la final de la Liga de las Naciones 2019, se repliega con más intensidad luego de convertir el primer gol. Holanda intentó construir sus ataques con paciencia, sin obtener grandes réditos a cambio de ello. Sin embargo, una de las jugadas más peligrosas que consiguió tuvo una mínima elaboración. Un envío aéreo cruzado al área desde la zona lateral de mitad del campo (Dumfries), que fue bajado de cabeza por quien estaba en el intervalo entre un defensor lateral y un central (De Jong) para alguien que entraba (Van de Beek). Luego Holanda se enamoró de esa elaboración express (un enamoramiento por necesidad debido a que se le consumía el tiempo) y lo terminó transformando en un patrón repetitivo (que ya Portugal no tuvo problemas en invalidar).

En este punto no se trata de ser repetitivo para hacer siempre lo mismo. Se trata de ser repetitivo buscando intencionalmente consolidar patrones de ataque para luego interrumpirlos por sorpresa.

3.22. MANUAL ORTODOXO PARA ATACAR UN BLOQUE BAJO

Mark Twain dijo alguna vez: "Lo que nos mete en problemas no es lo que no sabemos, es lo que sabemos con seguridad pero que no necesariamente es así". Estamos convencidos de usar recetas infalibles que no son infalibles.

Como receta se suelen escuchar estas cosas:

1. Paciencia y circulación del balón para esperar el momento (cuidado: ¡es lo que quiere el rival!).

En tu paciencia el tiempo se consume. En la consumación del tiempo comienza la insatisfacción. En la insatisfacción decae la claridad mental. En esa bendita paciencia, se encuentra el germen de la sedación. El equipo rival con su bloque bajo te va durmiendo, cada pase de circulación periférica es como una nota musical de una canción de cuna.

Generalmente esta insistencia en la circulación del balón se apoya en algunos conceptos repetidos a lo largo del tiempo. Si bien ciertos, no aplicable por igual a todas las situaciones. Por ejemplo: "El balón nunca se cansa" es la frase perfecta que incentiva la circulación del balón por la circulación misma.

Si además a esa frase se la complementa con cifras, el combo es completo. En La Liga de España la velocidad promedio de un jugador es de 6,6 km/h mientras que la velocidad promedio de circulación del balón es de 22,4 km/h. Es cierto, sí, el balón no se cansa y además va más rápido. Cui-

dado aquí, no se cansa pero si se aburre de seguir rutas de pases absolutamente previsibles para un oponente plantado en bloque bajo.

La "paciencia" tiene un agregado pernicioso más: usted se encuentra con jugadores que, en honor a rendir culto a la paciencia, cada vez que reciben el balón en esa circulación periférica ni siquiera ponen en acción sus facultades perceptivas de analizar a su oponente directo respecto del espacio que ocupa, su posición corporal, su actitud defensiva, etc. Simplemente reciben el balón y lo pasan lateralmente sin siquiera progresar en el campo para intentar una fijación. Son jugadores que no quieren percibir, porque no quieren decidir, porque ya decidieron no ejecutar (o si, ejecutar la inacción táctica). Comienza a generarse ahí un círculo vicioso inconsciente: si él la pasa lateralmente, yo la paso lateralmente. Nadie quiere entonces correr el riesgo de iniciar una acción rompedora. El conformismo invade al colectivo. Cuidado cuando su ataque al bloque bajo desencadena en sus jugadores estas características. Será responsabilidad de ellos pero también será su responsabilidad.

2. Cambios de orientación (cuidado: ¡es lo que quiere el rival!).

Normalmente los cambios de orientación se producen de zonas densas de ataque (los jugadores están combinando) a zonas menos densas del ataque. Además, los cambios de orientación llevan en sí mismos distancias largas y controles de balón eficientes. En ambas demandas hay ventajas potenciales para quien defiende: contra las distancias largas podemos trabajar en anticipos para generar contraataques (tu solución ante el bloque bajo es mi oportunidad para contraatacar) y en los controles podemos facilitar el robo del balón al ponerlo en zonas intermedias entre atacante-defensor por ausencia de controles perfectos. Pero si nada de ello ocurre, lo que permite el tiempo de vuelo del balón es ponerlo en una situación compartida, el famoso "dividir el balón" en fútbol.

3. Extremos bien abiertos para sostener amplitud (cuidado: ¡es lo que quiere el rival!).

Porque mientras los extremos se mantengan solo amigados con las bandas la inferioridad numérica interior ofensiva suele ser un hecho. Más adelante veremos algunas propuestas sobre cómo utilizarlos.

4. Utilizar remates de larga distancia (cuidado: ¡es lo que quiere el rival!).

Por regla general, cuanto desde más lejos remates a la portería menos posibilidades de gol tienes. ¿Cuántas posibilidades de gol hay en un remate a 10 metros y cuántas a 60 metros? Por regla general, el bloque bajo hace rematar desde larga distancia a jugadores que pueden no estar entrenados en la materia.

¿Cómo percibe un futbolista las soluciones necesarias para atacar un bloque bajo? **Dani Parejo**, antes de un enfrentamiento con Islas Faroe declaró en una entrevista al periódico El País: "Por la forma que tenemos de jugar, la mayoría de los rivales se van a meter atrás y van a esperar una pérdida para salir de contragolpe. La solución es mover el balón rápido, de lado a lado, que haya movilidad en todos nosotros y generar espacios y situaciones uno contra uno".

Locura es hacer lo mismo de siempre y esperar resultados distintos decía Einstein. **Cuanto más ortodoxa, tradicional y "de libro" sea la forma de atacar el bloque bajo, más fácil será la manera de repeler ese ataque.** El bloque bajo ha ge-

nerado los anticuerpos necesarios para interferir en todas las soluciones tradicionales

Las ciencias de la complejidad, y especialmente el pensamiento complejo en el fútbol, han dejado bien en claro, como característica predominante, la "no-linealidad". Aunque duela reconocerlo, el bloque bajo bien estructurado se acerca a producir algo de linealidad (y con ella cierta previsibilidad de conductas). Es por ello que las respuestas típicas a esas defensas no terminan por resolverlo (¡el adversario logró que seas lineal!). El ataque a un bloque bajo necesita romper esa linealidad.

Alfredo Di Stéfano dijo en 1964: "Un director técnico que sepa de fútbol puede colaborar a los sumo en un diez por ciento para conseguir un triunfo". **La Volpe** piensa que la influencia puede llegar a un 20%-30%. Si es así, que tu contribución como entrenador sea un 30% y no 7% ni un 8%.

3.23. Respecto de la paciencia

A los equipos que atacan bloque bajo se les suele demandar paciencia. Mucha paciencia. ¿Paciencia para qué? ¿Para repetir una y otra vez todas las soluciones tradicionales? Cuidado que **el exceso de paciencia puede ser un síntoma de ausencia de ideas.** La paciencia sin ideas no deja de ser, en el juego, una muerte lenta.

La paciencia suele confundirse con insistencia del mismo juego que fracasa una y otra vez. El uso excesivo de la paciencia suele acarrear el olvido de unos principios básicos del juego ofensivo: la **variabilidad** y la **adaptación** ante el sistema defensivo exitoso del oponente.

Pero a los equipos que defienden bloque bajo también hay que pedirles paciencia. La paciencia sobre la paciencia. En ella busco adormecer los tiempos del rival, llevarlos a circulaciones del balón largas, en las cuales los desplazamientos de los jugadores son más lentos porque hay poco espacio (el espacio no me deja correr porque no percibo -y al no percibir no interpreto- los espacios donde correr a desmarcar) y porque priorizan la velocidad de circulación de balón por sobre la de circulación de jugadores (las velocidades de circulación no son antinómicas). El equipo que defiende, en su paciencia, encontrará lo que no tiene el poseedor: velocidad para correr y espacio donde aplicarla.

En el segundo tiempo de la final del Mundial 2018, con Francia en el bloque bajo, Croacia tuvo el balón 70 segundos en posesión total y no logró rematar a la portería. Francia, cuando recuperó el balón, en dos pases puso a correr a Mbappé que remata a la portería, forzando la salvada de Subasic.

	Croacia	Francia
Tiempo	70 seg	10 seg
Pases	18	2
Remates	0	1
Ocasiones de gol	0	1

Los equipos poseedores del balón terminan jugando en muchas oportunidades un **rondo infinito**. El balón se vuelve enemigo ante la negación de los espacios imprescindibles. En este punto, y solo en este punto, quizá pueda desafiarse uno de los postulados de **Johan Cruyff**: "Un rondo contiene todo lo que necesitas en el fútbol". A veces nos repetimos en rondos, donde las tareas hacia transiciones defensivas se encuentran subvaloradas. ¿Realmente el rondo contiene todo? ¿O contiene todo para las tareas ofensivas y un poco menos para las tareas defensivas? ¿Siempre contiene todo para las tareas ofensivas o nos repetimos en rondos donde la velocidad de desplazamiento del balón es máxima, pero los desplazamientos del jugador son mínimos? (Ajax de **Erik ten Hag** basa su ataque en la técnica, velocidad e inteligencia de sus jugadores en pasar claro, pero combinados nece-

sariamente con jugadores absolutamente inquietos e impredecibles en el uso del espacio).

Cuidado, porque en cómo entrenas puedes encontrar el germen de cómo te vencerán cuando compitas. El exbasquetbolista NBA y campeón olímpico **Pepe Sánchez** suele decir: "La gente tiene la fantasía de que todo sucede en el partido, pero todo sucede acá", mientras señalaba el campo de entrenamiento.

Llegado a este punto (no desvalorizar las transiciones defensivas), un juego de situación quizá pueda ser más útil que un rondo.

Un 8 vs 8 +2 (en bloque bajo): se juega 8 vs 8, pero cuando el equipo en bloque bajo recupera el balón se integran rápidamente a la fase de contraataque dos jugadores que no participaron del juego defensivo. Este simple juego de situación permite desarrollar a los defensores todas sus tareas de construcción ofensiva, pero también estar siempre activados para sus transiciones defensivas.

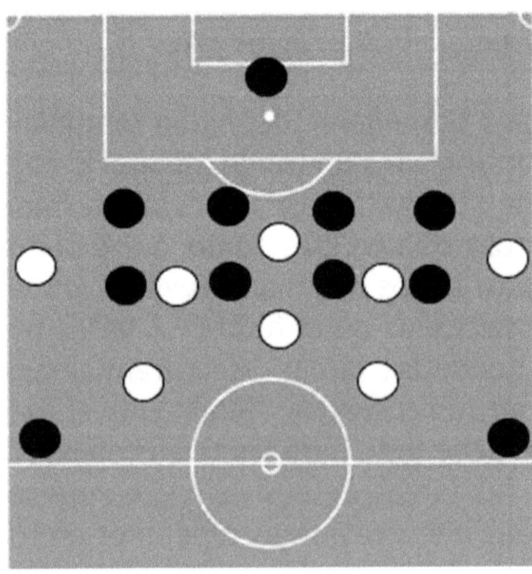

3.24. Paciencia inversa

Pues si sabes que te costará mucho atacar un bloque bajo y que la paciencia termina adormeciendo a tu equipo y envalentonando al rival, ¿por qué no recorres el camino inverso? ¿Por qué no hacerle caso a **Herbert Chapman**? "El momento más oportuno para marcar un gol es inmediatamente después de repeler un ataque rival, porque los oponentes se quedan pillados en la mitad equivocada del campo". Si con el camino de la paciencia el rival se consolida en el bloque bajo, llevando esta idea de la "impaciencia" al extremo (transiciones inmediatas a máxima velocidad y consecuente finalización sin pasar a fases de elaboración posicional), el equipo rival jamás podrá consolidar un bloque bajo.

Así se jugaron el clásico argentino en la Superliga Boca-River, en septiembre 2019: un equipo intentando transicionar rápido (River) para evitar que el otro (Boca) se consolide en el bloque bajo.

En muchas oportunidades el planteo táctico del rival se efectiviza porque nosotros mismos lo permitimos con el propio.

El River Plate (Argentina) del entrenador **Marcelo Gallardo** tiene paciencia inversa. Con esta fórmula ha logrado ser el mejor equipo del país y también de América. Es un equipo que, además, ha tenido una notable capacidad para cambiar de tareas defensivas a ofensivas y de ofensivas a defensivas sin necesidad de acomodaciones intermedias. Pierde el balón y te presiona al instante. Recupera el balón y te ataca al instante. Cada fase del juego la vive con altísima intensidad. River es un típico ejemplo de "impaciencia" en el buen sentido.

3.25. EL UNO CONTRA UNO EN CONTEXTO BLOQUE BAJO

Es tanta la densidad defensiva en un bloque bajo que tiene la gran cualidad (para la defensa), y el gran conflicto (para el ataque), que funciona como un gigante disuasor de las situaciones de uno contra uno. ¿La razón? Percepción de pocos espacios por el atacante, situaciones reales (o percibidas que para el caso es lo mismo) de inferioridad uno contra tres.

¿Esto se puede demostrar? Claro que sí.

1) En la temporada 2018/19, y según estadísticas de Mediacoach, el porcentaje de aciertos en los regates de **Messi** llegó a un 57%. De cada 10 veces que Messi intenta regatear pierde el balón 4,3 veces.

Estas estadísticas necesitan ponerse en contexto. La acción técnica del regate debe necesariamente contextualizarse con las decisiones tácticas para entender por qué ocurre lo que ocurre. Y la respuesta es que a pocos equipos le defienden más bloque bajo que a Barcelona (quizá Manchester City). Nadie puede imaginarse que en contextos de juego ofensivo "más abierto" hay tantas posibilidades de robarle el balón a Messi. En contextos de bloque bajo y "jaulas a lo Mourinho", las posibilidades de robo de balón se acrecientan.

Para poder sacar un "conejo de la galera" (un 1x1 virtuoso) es necesario que haya un espacio mínimo, pero espacio al fin, jamás un "no-espacio". Una cosa es ir apilando rivales en 1x1 sucesivos y otra es enfrentar un 1x3 (por la densidad defensiva). *Esto último es lo que le fue ocurriendo a Lee (uno de los creativos de Corea del Sur) en la final del Mundial Sub 20 con Ucrania. A cada regate o protección del balón fallida por inferioridad numérica fue incrementando su nivel de frustración (que se hacía evidente a través de distintos tipos de formas gestuales). La defensa ya no solo obtiene una vic-*

toria "técnica", sino que, en algunos casos, se puede también obtener una victoria "mental".

El bloque bajo, entonces, si eleva los umbrales de robo de balón en uno contra uno enfrentando a Messi, imaginemos al resto de los jugadores más "mortales" que Lionel.

2)   *Rusia le plantea un bloque bajo a España en el Mundial 2018. ¿Cuántos jugadores creen ustedes que en España llevaron adelante la bandera del uno contra uno? Con determinación, tomando altos riesgos de pérdida, atacando en inferioridad, solo uno: **Isco**.*

¿Quiénes han de jugar 1x1 frente a un bloque bajo? ¿Los marcadores centrales que si pierden el balón entregan una situación 1x0 (uno contra el portero)? ¿Los extremos generalmente en situaciones 1x2? ¿Los jugadores del interior de la red a los cuales casi no les llega el balón y cuando les llega suelen no estar perfilados para atacar la portería y devuelven el balón hacia atrás o hacia afuera?

El bloque bajo tiende a apagar las soluciones de 1x1 y obliga a resoluciones de colaboración ofensivas más complejas. Aun fallando en su coordinación grupal el bloque bajo inhibe el 1x1. Ese es uno de sus grandes "méritos". No ocurre ello con el bloque alto.

*Liverpool falla en una presión alta en el primer tiempo en la final de Champions League frente a Tottenham y **Eriksen** pone 1x1 en espacios amplios a **Son** frente a **Alexander Arnold**.*

"La genialidad reside en lo simple", dijo **Mourinho**. "Original es aquello que vuelve a la simplicidad de las primeras soluciones", dijo Gaudí. Aplica a los efectos de bloque bajo y la disuasión del 1x1.

3.26. Circulación periférica del balón

A los equipos que atacan bloque bajo se les suele pedir una alta velocidad de circulación del balón. Cuidado 1: la máxima velocidad de circulación periférica externa tiende a cero (0), si los movimientos sin balón dentro de la red no generan disrupciones en el espacio interno. Cuidado 2: la máxima velocidad de circulación periférica tiende a cero (0), si los receptores del balón de esa circulación no lo reciben en movimiento y con claras intenciones de progresar.

Consecuencias:

1)   El defensor no interpreta amenaza.

2)   El defensor conserva su espacio.

3)   El bloque bajo no se desestructura, menos se rompe.

Esta quizá sea una de las grandes diferencias (dentro de las similitudes) entre la circulación del balón en fútbol y en balonmano.

En mi época de entrenador de balonmano hacía un ejercicio que les resultaba muy impactante a los jugadores, para comprender la inutilidad de la velocidad de circulación del balón si no va acompañada de fijaciones o movimientos interiores. En este orden:

1)   Sin defensores les pedía que circularan el balón a una velocidad media pero sin atacar espacios.

2)   Luego se los pedía con la máxima velocidad que pudieran obtener.

Los jugadores quedaban maravillados por el incremento de velocidad que habían logrado obtener. Era un encantamiento infructuoso. Había que llevarlos hacia la realidad del juego.

La secuencia seguía de esta forma:

3)   Ubicaba defensores y los volvía a invitar a circular el balón a máxima velocidad. ¡Los defensores no necesitan ni siquiera bascular para defenderlos! (y eso que la velocidad del balón impresionaba). Hasta les pedía que se cruzaran

de brazos para que los atacantes sientan la inutilidad de la velocidad en si misma, sin ser acompañada con movimientos de penetraciones sucesivas y circulaciones internas: **"un ataque con silencio externo y silencio interno"**.

4)   Ponía un pivote (en balonmano es más parecido a un centrodelantero que a un mediocentro) estático en el interior de la defensa. Debían controlarlo pero su ausencia de movimiento seguía permitiendo defensas cómodas: **"un ataque con silencio externo y un débil ruido interno"**.

5)   Los atacantes comienzan a trabajar circulaciones de balón a máxima velocidad con movimientos de desmarque del pivote. La defensa comienza a activarse porque **"hay silencio externo aunque ruido interno se amplifica"**.

6)   Los atacantes encargados de la circulación del balón comienzan a incorporar movimientos de ataque con él (penetraciones sucesivas) que empiezan a coordinarse con los movimientos de desmarque en el interior: **"comienza el ruido externo y continúa el ruido interno"**.

7)   Los atacantes continúan con máxima circulación del balón, continúan con penetraciones sucesivas y además incorporan distintos movimientos de medios tácticos, básicamente cruces y permutas de puestos: **"el ruido externo es tan fuerte como el ruido interno"**.

8)   Los atacantes destinados a la circulación del balón comienzan además a agredir el espacio interno con circulaciones y desdobles, al tiempo que continúa la circulación del balón agresiva: **"el ruido externo se hace muy potente y el ruido interno se hace insoportable"**.

A diferencia del balonmano, en el fútbol ni siquiera los movimientos interiores garantizan oportunidades (por aquello de la inferioridad ofensiva en el interior de la red). En síntesis, si en el balonmano es complejo: en el fútbol lo es mucho más. Paradójicamente, el balonmano se encuentra mucho más desarrollado en esto de atacar "bloques bajos", porque ha convivido casi toda su historia con estas defensas. Es decir, está en su ADN. A diferencia del fútbol, donde

si bien siempre hubo equipos "que se metieron todos atrás", nunca se hizo con el nivel de estudio, sofisticación, entrenamiento y detalle con el cual se lo está haciendo ahora.

Hasta la anterior secuencia 4 o 5 de balonmano, es la que experimentó la Selección de España de fútbol versus Rusia en el Mundial 2018. Entre el minuto 66:48 y 68:53 (¡nada menos que 02:05!) entregó 40 pases de estas características (laterales de banda a banda casi sin salteos) y los jugadores de Rusia no tuvieron que disputar ¡ni un solo balón! Apenas realizar unas basculaciones defensivas de baja intensidad. En esa circulación infinita, donde al mismo tiempo que escasean los pases interiores, las situaciones de uno contra uno se ven disuadidas, un equipo además se va quedando sin nada ofensivamente, porque en ese diagnóstico de ausencia de regates o pases comprometidos ni siquiera se hace acreedor de situaciones de ABP.

España nunca llegó a la secuencia 6, mucho menos la 7 o la 8. Ello por sí mismo explica casi todo.

Difícil comprender en ese juego la tarea que le fue asignada a Busquets, donde no participó de la circulación periférica pero tampoco de los apoyos y desmarques interiores. Buscando comprender su juego, es probable que haya intentado fijar dos componentes de la primera línea defensiva para permitir cierta libertad en la circulación (y haya trabajado simultáneamente en vigilancias defensivas con sus principales contragolpeadores). Soy de los que creo que era necesario su reemplazo por otro centroatacante, que colabore con Diego Costa en permitir apoyos por delante o apertura de pasillos entre los defensores centrales (Costa no necesitaba un reemplazo en Aspas sino un complemento. Diego Costa "no jugó mal" para ser reemplazado. Fue una víctima obvia del sistema ruso y muy especialmente de la respuesta española).

3.27. Paradoja del afuera-adentro y adentro-afuera

Usted debe poner por fuera tantos jugadores posibles como para garantizar una fluida circulación del balón, pero no tanta que debilite la posibilidad de tener juego interior por dentro de la red.

También su contraparte: usted debe poner por dentro de la red tantos jugadores posibles para garantizar la oportunidad de generar daño en el interior de la red, pero no tantos que debilite el concepto de amplitud y termine generando (por falta de circulación de balón periférica y ausencia de amplitud) mayor densidad defensiva aún de la ya existente por la propia naturaleza del bloque bajo.

Se trata entonces de encontrar el mínimo de componentes externos para garantizar la fluidez del balón y el máximo de componentes internos para romper la superioridad defensiva en el interior de la red. A fines del bloque bajo, esto obliga a los futbolistas a desarrollar nuevas funciones: el afuera-adentro tanto como el adentro-afuera, el jugador externo-interno tanto como interno-externo.

Podemos denominar al primero como **periférico interior**, aquel que luego de garantizar con su pase la circulación exterior pase a ocupar un espacio de apoyo o un desmarque de ruptura en el interior de la red.

*Hay muchas razones por las cuales no funcionó el juego de Argentina frente a Islandia en el Mundial 2018, pero no ha sido por la ausencia de jugadores que tengan la capacidad para hacer un afuera-adentro. Fuertemente criticado, **Sampaoli** fue muy lúcido en este sentido: desde la colocación de **Salvio** como lateral derecho, **Messi** cuando se recuesta a banda (basta recordar la cantidad de goles que ha convertido realizando regates o apoyos y desmarques de esta forma), **Tagliafico** o **Meza** y **Di María** cuando comenzaron desde afuera.*

Podemos denominar al segundo como **interior periférico**, aquel que luego de realizar una acción ofensiva dentro de la red pasa a funcionar como apoyo por fuera para seguir garantizando la circulación del balón.

Quizá con menos jugadores (debido a la inferioridad por dentro), pero esta función también la cumplieron frente a Islandia jugadores argentinos como Meza, Di María o Messi.

3.28. LA IMPORTANCIA DEL AFUERA-ADENTRO Y DEL ADENTRO-AFUERA

La importancia del afuera-adentro radica en la necesidad de obtener igualdades y hasta superioridades numéricas transitorias (recordemos que dentro de la red existe una superioridad numérica defensiva).

La importancia del adentro-afuera radica en la compensación de espacios para poder sostener la amplitud.

¿Cuál de los dos es más importante? Ambos.

¿Si tuvieras que elegir uno? El afuera-adentro. ¿Prefieren a **Messi** haciendo un afuera-adentro o un adentro-afuera? ¿Cuántos goles hizo haciendo lo primero y cuántos haciendo lo segundo? ¿Cuántos pases-gol entregó haciendo lo primero y cuántos haciendo lo segundo?

¿Por qué? Con 11 jugadores por dentro es posible conseguir un gol. Con 11 jugadores por fuera es casi imposible.

¿Conviene atacar reduciendo la amplitud? Normalmente no.

¿Hay excepciones? Claro, si vas a finalizar en el mismo ataque en que la reduces es una opción táctica decisiva para disminuir, igualar y hasta superar las inferioridades numéricas por dentro.

¿Un ejemplo? Invasión del extremo, interior, marcador central del lado opuesto al balón.

El afuera-adentro tiene un valor adicional. Imaginen defensores centrales que rompen en línea recta de manera disruptiva: se alteran ahí todas las percepciones de marcaje y responsabilidades defensivas. ¿Lo sigue un delantero? ¿Lo marca un mediocentro? ¿Llega al área y lo marca un defensor central? ¿Cuál? ¿Cuál va con él y cuál con el centrodelantero? **Si quieres sorprender, debes meter en el interior de la red elementos que la red no espera.**

¿Un defensor central invadiendo espacios hasta llegar al área? ¿Es que acaso no le corresponde el rol solo de iniciador ante bloque bajo? "El fútbol es orden y aventura", se dijo alguna vez. Reprimir la aventura de esos defensores centrales es bloquear el aprendizaje. Te proteges del riesgo pero te inhibes de aprender primero y de sorprender después. El futbol entregó grandes jugadores en estas formas (**Beckenbauer**), entrega (**Alex Bombardó**) y entregará (**Olivier Aertssen**).

Si tienes defensores centrales predominantes en el juego aéreo como **Matts Hummels, Gerard Piqué, Sergio Ramos, Matthijs de Ligt o Virgil Van Dicjk**, por citar algunos, esa aventura debe terminar indefectiblemente en el área rival. El Defensa y Justicia de **Becaccese** en Argentina (2018), ha llegado a soltar hasta los dos defensores centrales juntos (**Lisandro Martínez-Alexander Barboza**) en excursiones ofensivas. Es que, ante bloque bajo defensivo, no es aventura sino que es imperiosa necesidad. El defensor central argentino y actual entrenador **Gabriel Milito**, tuvo una enseñanza bien diferente en Argentina comparada con la de Barcelona. Allí tuvo que aprender que los centrales conducen y fijan.

Los periféricos deben asumir nuevos roles. No pueden ser meros pasadores del balón para que este circule rápido y movilice a la defensa. Con un "pase de circulación" te quitas de encima la responsabilidad de meter un pase entre líneas. Con un "pase de circulación" te evitas la aventura de un 1x1. Atención: **cuidado como entrenamos "pasar" (y el después del pasar), porque puede ser que sembremos en el inconsciente del jugador su "zona de *confort*". Ahí nadie gana partidos.**

Si bien no pudo plasmarlo en el resultado, River hizo algunas cosas interesantes en este sentido (el afuera-adentro) frente a Boca Juniors por Superliga: Boca se posicionaba en determinados momentos con bloque bajo de 8 jugadores, dejando por fuera de la red a Mac Allister y más descolgado aún a Hurtado. Pero ocurre también que River lo atacaba con 8.

Una situación inicial de 8x8, una teórica igualdad numérica. Una situación que en la práctica tenía 6 jugadores por fuera de la red y solo 2 por dentro (6x2). Con rápidos movimientos de invasión al interior de la red, en solo segundos, River llegaba a situar centros en el área disminuyendo notablemente esa inferioridad a un solo jugador (5x4).

3.29. LAS DOS SUPERIORIDADES NUMÉRICAS

"El ruido externo se hace muy potente y el ruido interno se hace insoportable".

¿Es posible ambas a la vez? Muy difícil.

¿Por qué es muy difícil? Porque el fútbol será siempre una manta corta. Si agregas jugadores a la circulación periférica del balón, aumentas el ruido externo pero disminuyes la posibilidad de hacer ruido interno. Viceversa.

Ciertas formas razonables de equilibrio terminan siendo un menú desabrido. No hay ruido interno ni tampoco externo.

¿Cuál es la forma de hacer posible ese casi imposible? Quizá una de las formas no sea buscar el equilibrio entre las tensiones externas e internas. Quizá sea momento de experimentar con el concepto de las **dos superioridades numéricas. Quizá sea extremar una y otra de forma secuencial. Un pasaje rápido de un extremo conceptual a otro. Aumentar al máximo la tensión exterior (vaciar el interior-llenar el exterior) y de repente aumentar al máximo la tensión interior (vaciar el exterior-llenar el interior).**

Si vacías el interior, ¿a quién marca cada uno de los componentes del bloque bajo?

Si pierden esa densidad defensiva hacia dentro (concéntrica) el equipo propio ya ganó: se ampliaron los espacios.

Si mantienen esa densidad defensiva hacia dentro el equipo propio ya ganó: invadirás los espacios de forma masiva y será muy difícil realizar los ajustes de marcas.

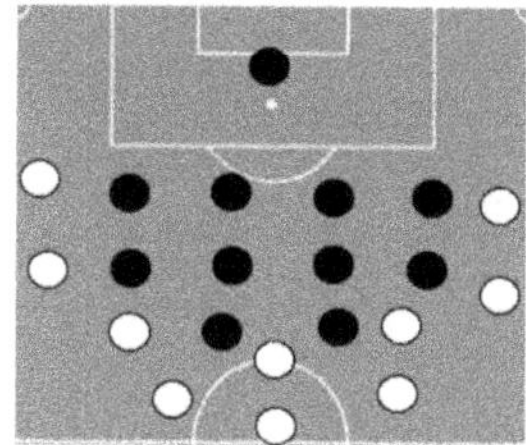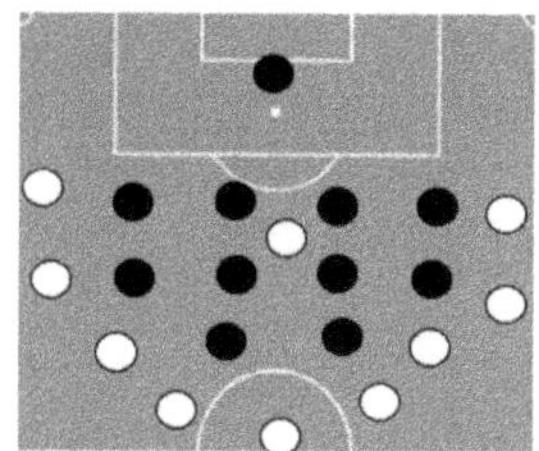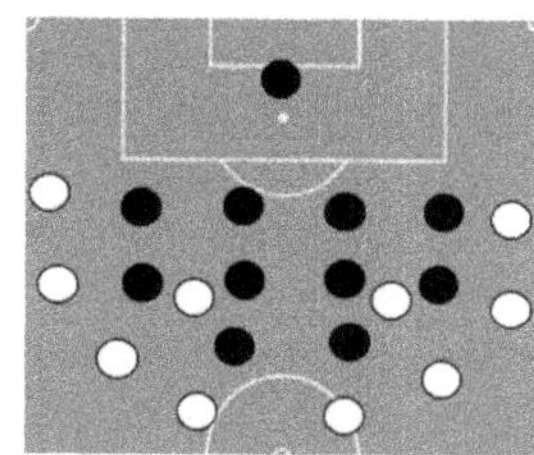

"Vaciar el interior" responde a una nueva forma de **iniciar** el ataque a una defensa en bloque bajo. Jamás debe considerarse como una formación en puestos específicos para **iniciar y terminar** el juego posicional.

Una alternativa probable es mantener los especialistas de juego exterior concentrados en una banda y los especialistas de juego interior en la otra banda. Luego de una determinada circulación del balón, los primeros especialistas ponen el balón dentro (luego su obligación es compensar los espacios) para los segundos especialistas que invaden masivamente el espacio.

Por extrema, esta solución se vuelve detectable de forma rápida, lo que atenúa la posibilidad de repetir su uso. Debemos pensar nuevas formas de innovar sobre la innovación. Otra posible solución es mantener la idea de la invasión al espacio interior de los especialistas en ese juego, pero de forma menos radicalizada y más disimulada. La solución consiste en alternar en la ubicación a los especialistas de juego exterior con los de juego interior.

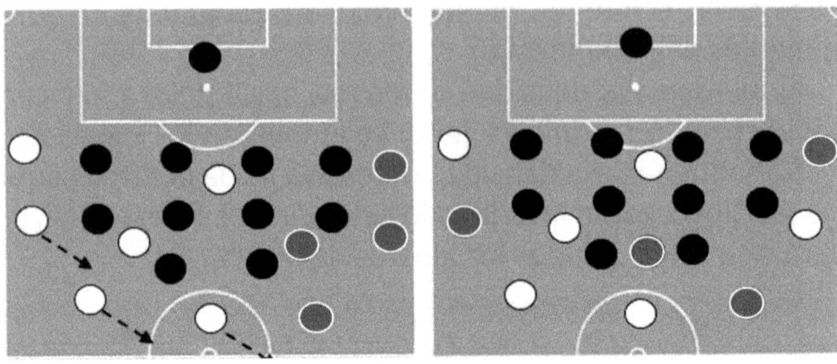

Invasión lado opuesto   Invasión alternada

3.30. Medios tácticos de ataque

3.30.1 El pase y va

Nada puede definir mejor el medio táctico "pase y va" que el concepto de "pared" o el "uno-dos": pasar y correr en profundidad para volver a recibir.

*En un partido del Calcio 2020 entre Juventus y Udinese, **Higuaín** y **Dybala** fueron construyendo paredes consecutivas de forma armónica frente a una defensa de Udinese edificada en bloque bajo. Esos "pases y va" fueron permitiendo ganar espaldas y dejar frente al portero a Higuaín para que convierta al gol. Es muy poco probable que dos jugadores asociándose con "pase y va" puedan vencer tanta densidad defensiva, pero cuando la calidad se asocia a la velocidad en el fútbol: no hay imposibles.*

Contra bloque bajo aplica directamente cuando hay un acoso al poseedor. En ese caso, y solo en ese caso (porque una profundidad transitoria habilita un espacio por detrás), se puede realizar un "pase y va" en su versión más pura. En la relación de "pase y va" entre dos, el colaborador una vez que recibe el pase del iniciador puede utilizar una finta de pase (porque su oponente directo espera el pase) y girar hacia lado contrario.

Contra bloque bajo el "pase y va" aplica directamente a realizarlo por banda (por una densidad defensiva inferior a la que se encuentra por dentro, donde su utilización en su versión pura se ve más dificultada). Ahora bien, frente a bloque bajo y esa alta densidad defensiva interior, no es nada fácil obtener este tipo de "pase y va" tradicional. Para ello es necesario repensar fórmulas: hacer creer al rival que vamos a jugar "pase y va" tradicional, pero ofrecer soluciones diferentes a las tradicionales: la solución "pase y va" tradicional, que conlleva la utilización de dos jugadores, necesita de la incorporación de un tercero. Utilizaremos el "pase y va" tradicional como un engaño (ya que es muy fácil de interpretar y creer que efectivamente así se consumará) para realizar otro medio táctico:

1) **"Pase y va" falso profundo.** Es un "pase y va" con apoyo a un tercer jugador: el beneficiario tradicional inicia una trayectoria en profundidad cuyo objetivo es engañar, ya que un tercer jugador está iniciando otra trayectoria en profundidad para ser el verdadero beneficiario. La dificultad radica en que el marcador del beneficiario final no está en una situación de profundidad. La facilidad radica en que el marcador del beneficiario final no podrá evitar mirar el balón facilitando el momento del desmarque.

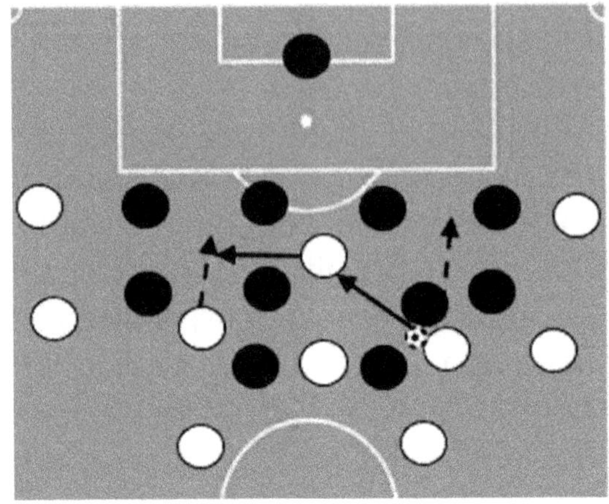

2)   **"Pase y va" falso ancho.** La trayectoria en profundidad será de desmarque para ganar la última espalda. Una vez más se trata de una trayectoria de engaño con la intención de que el balón regrese hacia atrás a un buen pasador (el mismo que en el anterior "pase y va" gana en profundidad, ahora recibe en ancho) y pondrá el balón en beneficio del jugador que inició el "pase y va". Este variante de "pase y va" es más aplicable a un bloque bajo de dos líneas que uno de tres líneas.

3.30.2. Penetraciones sucesivas (para fijación de impares)

En lugar de ir al hombre para jugar un 1x1, se busca el espacio (el principio de ataque al intervalo) para provocar la atención y posterior fijación del impar, a fin de darle continuidad al juego con el hombre libre obtenido por una transitoria superioridad en esa porción de espacio.

La gran diferencia entre una circulación de balón, sin o con penetraciones sucesivas, es una circulación de control o cuidado de la posesión y una circulación de ataque. En la primera no se provocan fijaciones ni desequilibrios defensivos. Solo se posee el balón como un valor en sí mismo. En la segunda hay una clara amenaza de ataque.

Contra defensas zonales cercanas al área, tal cual ocurre en el balonmano, las penetraciones sucesivas son uno de los medios básicos y elementales para atacarla si estás en juego posicional. ¡Y en el fútbol casi que ni las utilizamos! Es un medio de ataque muy interesante para que, mediante una superioridad transitoria gracias a la penetración sucesiva en un determinado lugar, equilibremos la inferioridad constante en el interior de la red.

El éxito de la penetración sucesiva está asociado a la completa fijación del defensor impar. Si se pasa el balón demasiado antes no hay fijación, pero si se pasa demasiado tarde puede haber interceptación y contraataque. No son los mismos, entonces, los riesgos que corre un extremo intentando fijar un impar, que aquellos que corre un marcador central. Paradójicamente, son los marcadores centrales (o un mediocentro que se hunde, o un portero que sube a compartir línea de iniciación con centrales) quienes deberían dominar estos medios tácticos a la perfección (para comenzar la reducción de inferioridad numérica en el interior de la red, habiendo sorteado la primera línea defensiva y comenzando a desestabilizar la segunda).

Para evitar el riesgo de la interceptación, el fútbol (en el balonmano es más fácil la continuidad con pase luego de la fijación, en el fútbol la naturaleza del pase con el pie incrementa su dificultad) debe adaptarse e inventarse su propia solución: la penetración sucesiva más apoyo por detrás: los jugadores atacan hasta la máxima fijación y juegan un apoyo hacia atrás para que ese tercer jugador involucrado sea quien continúe el juego (si ese apoyo y posterior pase no se ejecuta a máxima velocidad, se corre el riesgo de perder la fijación del impar, pero también la introducción de ese tercer jugador puede funcionar como un elemento de engaño del primer jugador: amaga detenerse para apoyar, pero acelera en el espacio aprovechando el falseo de intención).

Se utiliza más frecuentemente en el juego periférico que en el interior. Tanto de frente a la portería como lateralmente y muy especialmente para superar la primera línea defensiva (tanto las frontales como las laterales, porque el interior se cuida tanto por delante como por ambos costados).

Las penetraciones sucesivas con dos, tres, cuatro y hasta cinco fijaciones de impares en balonmano son moneda corriente. En fútbol son más difíciles de obtener, pero con obtener ¡solo una! con eficacia, la utilización táctica de este medio de ataque habrá valido la pena.

Un ejemplo de este medio de ataque fue la fijación de un impar obtenida por Salvio (Argentina-Islandia, Mundial 2018) atacando como interior, que permitió liberar a Meza por banda y centrar atrás (en ánimo de ser detallista, Salvio puede mejorar más aún su capacidad de fijación con desplazamientos antes de recibir el balón para localizarse mejor y tener mejor ángulo de ataque al intervalo).

Por regla general las trayectorias curvilíneas sin balón tienen mayores posibilidades de fijación que las rectilíneas (excepto que ya estés posicionado con anterioridad para atacar ese espacio). Jamás esperes a recibir el balón para atacar el espacio. Porque cuando ataques el espacio para fijar el impar, tu par defensivo ya habrá cerrado ese espacio. El espacio se ataca con recepción en movimiento. **Todo lo que se haga antes de recibir el balón, facilitará todo lo que se pueda hacer después con él.**

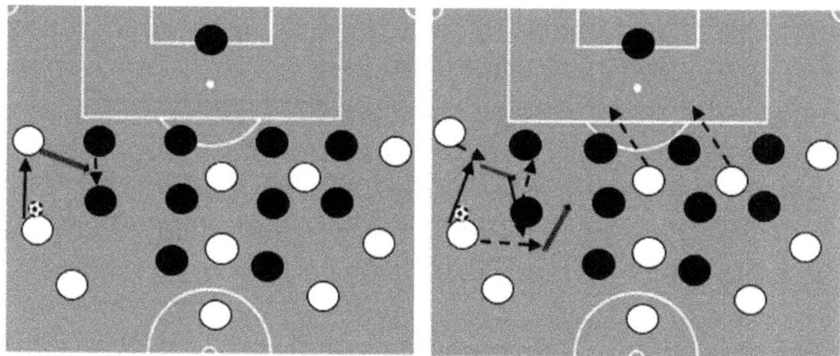

Otro ejemplo es Piqué cuando progresa con balón frente a Valencia, en la final de la Copa del Rey 2019, al fijar a impares y continuar el juego a banda derecha con Semedo liberado.

Más, en el gol de Real Madrid (Bale) frente al Manchester City, que le permite acceder a la final de Champions League en Milán, hay dos fijaciones de impares seguidas antes de pasar a las espaldas del lateral (con Bale bien posicionado en el intervalo entre central y lateral). Gracias a esas fijaciones, el marcador lateral duda en salir o controlar a Bale. Una pequeña (en tiempo) situación 2x1 que entrega el pasaporte a la final de la Champions League.

El ataque al intervalo (concepto elemental para la construcción de las penetraciones sucesivas) es igual de útil para las transiciones ofensivas. En un 3x3 donde la defensa viene temporizando lograr la fijación de un impar, deja a uno de nuestros compañeros en una clara situación de 1x0.

Una aclaración más en este medio de ataque: si en el ataque al intervalo el impar no llega como ayuda defensiva, en ningún modo el jugador debe darle continuidad al juego con pase sino que debe continuar progresando en el terreno. Hay un pequeño detalle más que ejemplifica la idea de pro-

gresión en el ataque al intervalo sin fijación de impares, que suele contar el entrenador **Manu Rodríguez**: "Muchas veces veo que Messi pasa por tres o cuatro intervalos y llega desde el medio al área rival, se escuchan comentarios diciendo que gambeteó cinco rivales. Incorrecto, no gambeteó a un rival, ya que no hubo gesto de regate complejo, únicamente hubo cambios de ritmo para pasar entre dos jugadores (si queremos llamarle regate, tendríamos que llamarle regate simple, que consiste solo en cambiar el ritmo de carrera). Pasa tan cerca de ellos que da la sensación de gambetear, pero no es gambeta, es pasar por un intervalo simplemente".

3.30.3. Cruces (para fijación de pares)

En el cruce, el jugador poseedor del balón fija a su par, liberando SU espacio anterior a favor de un compañero. Si bien en el fútbol es de aplicación restringida al no estar tan clara su utilidad, el cruce es un medio táctico del cual, sin abusar, produce una sorpresa en el rival y un desconcierto momentáneo que debe ser aprovechado.

Un cruce bien realizado deja a un jugador con posibilidades de progresión (en zonas de construcción) o con posibilidades de remate (en zonas de finalización).

Pero para ambas zonas deja una posibilidad compartida: el pase a un pasillo donde un compañero en colaboración se hace de la espalda de un defensor. ¿Por qué ocurre ello? Porque el movimiento de cruce convoca una gran atención (hay un jugador que no esperaba que se viene a mi espacio. ¡Y encima viene con balón!) y eso redunda en perder visualmente el par ofensivo (que aprovecha a ganar el espacio por detrás). Es un breve instante de encandilamiento, del cual el defensor se recupera pronto, pero no tanto que le permita evitar caer en la trampa.

Si no existe una correcta fijación del par, no existe la posibilidad de un buen cruce. Si no existe una progresión en el terreno, un remate o un pase filtrado, no se logró una correcta utilización de un cruce. Una cosa es un cruce correcto y otra muy diferente un buen aprovechamiento de él.

Si en el balonmano es un medio táctico muy útil ante inferioridades numéricas, claramente lo será en el fútbol ante bloque bajo (por eso de las inferioridades en el interior de la red).

Algunos detalles:

1) Si el cruce se produce entre un interior (iniciador) y un extremo (respuesta) es aconsejable que ese extremo esté jugando a pierna cambiada (por llevarlo de un espacio exterior a uno interior) para que esté mejor habilitado hacia un pase entre líneas, para ganar la última espalda o un remate a distancia.

2) Si efectivamente se consigue el espacio por fijación, es probable que lleguen las ayudas defensivas del lado de la superioridad. En ese caso, el ataque debe seguir con penetraciones sucesivas dando continuidad al juego en esa dirección.

3) Si el cruce se produce entre un extremo (iniciador) y un interior (respuesta), es aconsejable que ese interior esté

jugando a pierna hábil (por llevarlo de un espacio interior a uno exterior) para que esté mejor habilitado hacia un centro al área.

4)   Los cruces largos (aquellos que se hacen con un compañero no colindante) son bien útiles para usar en la periferia. En el fútbol pueden ser explorados en situaciones de iniciación de 3x3, sin necesidad de hundir a un mediocentro en la salida.

5)   En fútbol las trayectorias horizontales suelen ser más fácilmente interpretadas por un compañero para un cruce que una trayectoria vertical (también tienen más alta posibilidad de engaño). A diferencia del balonmano, donde es casi imposible fijar más de un oponente, en fútbol puede haber una fijación múltiple.

Mediante este medio táctico, Brasil frente a México en el Mundial 2018 genera un aclarado imposible de conseguir mediante cualquier otra acción táctica: **Neymar** *ataca conduciendo balón de forma horizontal de izquierda a derecha, ¡fijando cuatro oponentes! Habiendo* **William** *interpretado el espacio libre y corriendo hacia él, Neymar se la deja realizando un cruce perfecto, que el mismo Neymar terminará rematando a gol luego de un centro de William.*

En semifinales del Mundial 2006, Italia deja eliminada a Alemania con un gol en transición de Del Piero luego de que Gilardino fijase al defensor hacia dentro y lo asistiera.

Para que situaciones de este tipo ocurran con más frecuencia, es necesario que el jugador que conduce en diagonal hacia dentro sea un jugador de los denominados talentosos, que genere riesgo con sus 1x1 tanto como con remates de larga distancia. Ningún jugador que carezca de estas cualidades será capaz de fijar a cuatro oponentes tal cual lo hizo Neymar. Este es un medio táctico de ataque que bien podría haber utilizado con más frecuencia tanto Barcelona como la Selección Argentina, cada vez que **Messi** comenzaba con sus electrizantes conducciones y regates desde banda derecha a centro.

Así como existe el medio táctico, existe el engaño sobre el medio táctico.

En el partido de Eliminatorias 2017 de Argentina-Ecuador, Messi queda junto a Benedetto en una situación 2x2 en espacios amplios (no era una situación ante bloque bajo). En la misma, Benedetto le cruza por detrás y genera la confusión de ambos defensores, utilizando Messi ese espacio mediante un regate hacia afuera y remate al gol.

*En el partido de Europa League 2013 entre Chelsea y Schalke 04 (tampoco ante bloque bajo), **Eden Hazard** queda en una situación 1x1 que **Fernando Torres**, con un cruce por detrás, la transforma en un 2x1, situación que confundió al defensor y el mismo Hazard se encargó de transformar en gol.*

Los ejemplos son variados pero contundentes. La cantidad de espacio percibido es determinante para propiciar una situación de cruce (o el falseo de un cruce). A más espacio, mayor posibilidad de cruces. La evolución del jugador de fútbol deberá ser tal, que le permita utilizar este medio táctico en situaciones de alta densidad defensiva como la que ocurre habitualmente frente a un bloque bajo. Eso demandará mayor capacidad perceptiva y mayor comprensión en menor tiempo.

El cruce perfecto atacando a bloque bajo le pertenece a un partido de Ukrainian Super League. Mariupol defiende bloque bajo y Shakthar ataca sin percepción de espacios para pasar entre líneas, ni tampoco para jugar un 1x1 desequilibrante. La jugada necesitó de 14 pases en 41 segundos para el gol, pero el único de ellos que resultó desequilibrante fue el realizado en forma de cruce a favor de una carrera horizontal de Taison para luego habilitar con pase vertical a Teté para gol. En el cruce, un solo jugador fija a tres oponentes (su par incluido), quedando el espacio correspondiente al par libre para que el beneficiario del cruce (Taison) pueda aprovecharlo.

3.30.4. Cortinas

Ante la imposibilidad reglamentaria de realizar bloqueos, las cortinas cumplen un rol imprescindible en el fútbol. La cortina, como su nombre lo indica, buscar tapar u ocultar algo de la visión de un defensor. La cortina es un pasar cercano del defensor, generalmente por delante. Básicamente, su objetivo es la confusión: antes de la cortina el defensor tiene claro su marcaje, mientras que está transcurriendo la cortina se inicia la confusión (¿A quién marco? ¿A mi oponente directo o a quien me pasó por delante?). Ese breve instante que dura la cortina, y con ella la confusión, es cuando el jugador atacante debe tomar ventaja, porque si retarda la solución el efecto de la cortina ya se habrá neutralizado.

Después de una cortina un jugador debe encadenar una nueva decisión táctica, transformándose en un apoyo para continuidad del juego o bien realizando un desmarque en profundidad por detrás de esa línea defensiva que circuló por delante. Si efectivamente la cortina es realizada frente a la última línea defensiva, iniciará un desmarque de ruptura.

Habitualmente las cortinas deberían ser utilizadas por jugadores que hacen movimientos de afuera-adentro y en beneficio de jugadores con capacidad de remate a distancia. Esto hace que sea de mayor utilidad su uso una vez que se haya ganado la segunda espalda defensiva, uniéndolo con cortinas de los extremos. Una vez realizada la cortina, el jugador debe continuar sus intenciones tácticas con un desmarque o un apoyo.

En la semifinal de ida 2015/16 de Champions League, entre Atlético de Madrid y Bayern Munich, el equipo de Simeone corre una transición 2x3 que termina con un remate de Torres al palo, gracias a una cierta confusión que generó el mismo Torres al pasar por delante (cortina) de Griezmann, progresando con balón y encadenando un desmarque en profundidad que utilizó Griezmann para abastecerlo.

3.30.5. PERMUTAS

Las permutas consisten en un intercambio de puestos específicos. No buscan en sí mismas la superioridad numérica (a diferencia de otros medios de ataque), pero le agregan dinamismo al ataque, modificando las responsabilidades defensivas y llevando a los defensores a nuevas y continuas adaptaciones. Permutando un jugador con características de pasador con un driblador, se deben iniciar nuevas adaptaciones defensivas a las nuevas características que tendrá ese par ofensivo. Siempre se debe asegurar que el jugador que al permutar cambia el puesto específico, sea tan productivo en su nuevo espacio como en el anterior (porque si así no fuera la permuta, favorecería más a la defensa que al ataque).

Las permutas pueden realizarse frente a la defensa, pero también dentro de la defensa provocando errores de cambio de oponentes (aquí su gran utilidad frente a bloque bajo).

En las permutas los intercambios de espacios de los jugadores van disociadas de la trayectoria del balón, buscando confundir al defensor (¿presto atención al balón o presto atención a la permuta de jugadores?).

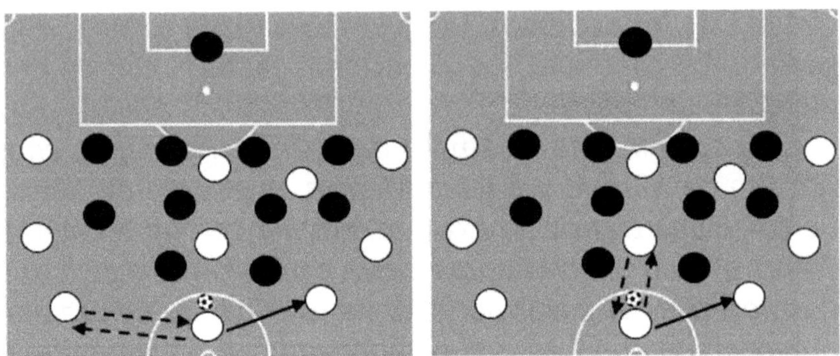

3.30.6. DESDOBLAMIENTOS Y CIRCULACIONES

Cuando un jugador cambia de línea ofensiva, desdobla. Cuando un jugador cambia de espacio en una misma línea ofensiva, circula. Hecha esta diferenciación, los desdoblamientos y circulaciones son un medio imprescindible para desarrollar en el juego posicional, que permite infinita cantidad de combinaciones para desestabilizar la estructura de un bloque bajo.

No hay que confundir aquí un desmarque invadiendo otra línea, con un desdoble o una circulación. Estas últimas dos acciones tácticas se toman pensando en cambiar la estructura posicional para enfrentar al bloque bajo, aunque ello no implica que de existir una situación favorable en el momento del desdoblamiento esta no sea aprovechada.

En todos los casos es recomendable la compensación de espacios para mantener la amplitud o profundidad.

Circulación de extremo

Desdoblamiento de mediocentro

3.31. ENCADENAMIENTO METODOLÓGICO PARA ATACAR EL BLOQUE BAJO

La construcción de un equipo que sepa atacar bloque bajo debe apoyarse en un escalón tras el otro:

1) Dominio del juego libre.

2) Dominio del juego posicional: explorar hasta desarrollar todas las posibilidades en el puesto, garantizar la circulación del balón, fijación de pares e impares, etc.

3) Dominio del juego de circulación: explorar hasta desarrollar todas las circulaciones de jugadores, realización de permutas, desdoblamientos y cortinas (aquí entran en juego los "pasilleros" y los "laberintianos").

4) Dominio de las ABM (Acciones a Balón en Movimiento). Aquí el equipo desarrolla sistemáticas de ataque, utilizando las herramientas de los escalones tácticos anteriores (antes de realizar ABM con un alto número de jugadores, usted debe asegurarse que cada uno de los jugadores ha explorado todas las relaciones 2x2, 3x3 y 4x4 con sus cercanos). Fortalecer las relaciones con los cercanos, especialmente las relaciones 2x2 es el punto básico donde se construye un equipo en términos de lazos de comunicación, cooperación

y solidaridad. Si no podemos ser EQUIPO en cada una de las relaciones de dos, difícilmente podamos serlo en las relaciones de once.

Este es un orden razonable para la construcción de un ataque de balonmano a una defensa zonal. Visto las similitudes con el bloque bajo en fútbol. ¿Qué equipo de fútbol tiene construidas estas etapas con solidez? Aquí, entonces, una de las respuestas del porqué cuesta tanto resolver esa ecuación defensiva.

Aclaración: este es el orden de construcción (debido a las dificultades progresivas de aprendizaje), pero no necesariamente el orden de aplicación en el juego: usted ha de iniciar en cualquiera de las cuatro fases y ha de pasar a cualquiera de las otras (o bien repetirse en un nuevo intento (por ejemplo, intentar otra ABM diferente).

3.32. La imperiosa necesidad de cambiar el reglamento: las cortinas y los bloqueos

La adopción masiva del bloque bajo como respuesta táctica defensiva ha llevado, como vimos, a *balonmanizar* el fútbol. Las fases de juego posicional son cada vez más similares. Uno de los instrumentos, para nivelar ciertos desfasajes que se han producido a favor de las defensas, es modificar el reglamento y aprovechar las experiencias de otros deportes.

Concretamente, el fútbol debería empezar a evaluar la incorporación de los bloqueos (balonmano), también llamadas cortinas (en básquetbol).

Esta herramienta aumentaría el flujo de posibilidades tácticas para la construcción de un ataque: abriría pasillos de penetración (tan poco perceptibles en el bloque bajo), aumentaría las posibilidades de colaboración ofensiva en 2x2 abriendo posibilidades a los bloqueos dinámicos (la intervención ofensiva de un jugador subsiguiente a un bloqueo) y muchas otras acciones más. Entre ellas, el encadenamiento de medios de ataque: cruce + bloqueo, permuta + bloqueo, etc.

Las situaciones de juego ofensivo frente a bloque bajo se están haciendo demasiado previsibles y ello no es bueno para el espectáculo. La incorporación de los bloqueos ofensivos podría ser una llave que abra la puerta a una nueva riqueza técnico-táctica.

3.33. EL FUTBOLISTA ESPECIALISTA PARA JUGAR CON BLOQUE BAJO

El perfil de especialista en un mirada tradicional y ortodoxa debe estar limitado a su condición físico-técnico-táctica-mental para jugar bloque bajo.

Pero hay otros especialistas en jugar bloque bajo: los que el contexto y la historia los han dedicado a eso. Si quieres prosperar con una propuesta de este tipo, algunos de estos jugadores te ayudarán a lograrlo. Pongamos un ejemplo: el delantero venezolano **Salomón Rondón**.

Salomón Rondón está familiarizado hasta el detalle sobre cómo jugar con bloque bajo y cómo lidiar con defensores rivales ante el inevitable juego directo de algunos de sus equipos:

1) La Selección de Venezuela. Bajo la dirección técnica de **Dudamel**, Venezuela tuvo desempeños de alto nivel. Frente a Argentina, por ejemplo. Y Rondón fue pieza imprescindible recibiendo envíos largos, controlando ante defensores centrales y transformando a gol.

2) Newcastle. Bajo la dirección técnica de **Rafa Benítez**, Newcastle logró una identidad clara en la cual Rondón también fue pieza destacada.

Salomón Rondón aprendió así, por experiencia y por insistente repetición, el oficio de un delantero donde su equipo defiende bloque bajo. Aprendió los repliegues, la tarea

defensiva como primera línea de oposición al rival, fajarse en el cuerpo a cuerpo con los centrales rivales (pero también fijarlos), a tener que repetir carreras de máxima velocidad de cuarenta metros (y no de diez). Aprendió la paciencia en la soledad. Aprendió la concentración para la oportunidad.

Un equipo que defienda bloque bajo también necesita los especialistas por historia.

3.34. EL FUTBOLISTA TOTAL PARA ATACAR UN BLOQUE BAJO

Todo jugador que debe atacar un bloque bajo debe ser tan bueno en el juego externo como en el interno. Y además tiene que ir pasando naturalmente y sin conflicto de una tarea a la otra.

Veamos un ejemplo. Se acabó el defensor lateral que solo se desplace ofensivamente solo por el carril exterior. Se acabó. Es un jugador vetusto. Un jugador del siglo pasado.

Hoy día vemos entrenadores que han mejorado a sus laterales haciéndolos jugar en ataque como interiores. Y eso está muy bien. Como dice el periodista deportivo **Vicente Muglia**, "los lateriores". Normalmente defienden el carril exterior y atacan por el carril interior. **Pep Guardiola** popularizó a los interiores en su paso por el Bayern Munich. Especialmente con **Alaba** y **Lahm**. Cuando su mediocentro se incrustaba entre los centrales, estos se abrían hacia banda y permitían la colocación de los laterales como interiores. Nadie mejor que Pep para explicar el funcionamiento de los laterales a interiores. En "Herr Pep", de Martí Perarnau, explica lo siguiente: "Lo ideal es tener al central abierto, al lateral por dentro y al extremo abierto para pasarle directamente a él. Si el pase sale bien has logrado saltar todo el centro del campo enemigo; si pierdes el balón, tu lateral puede correr el espacio inmediatamente. Se trata de modificar con tu comportamiento los planes de presión del rival. Nuestro lateral se va hacia dentro y arrastra al extremo rival; si este no le sigue, entonces ya tienes un hombre libre; si quien va a cubrirle es el mediocentro, entonces nuestro interior quedará libre. Y así todo el rato".

Brasil ha realizado movimientos similares con **Dani Alves*** y **Filipe Luí**s como marcadores laterales en defensa y como interiores en ataque (su moderna disrupción: entrar por sorpresa en una altísima densidad defensiva, que suele ofrecer un bloque bajo). Ofrece así una posible solución ofensiva pero también prepara una función defensiva: su regreso permite mayor densidad defensiva interior hasta que se consolida la estructura defensiva.

Los defensores laterales como interiores si bien representan una evolución táctica, con el tiempo se hizo necesario evolucionar esa evolución. Especialmente cuando de atacar bloque bajo se trata. En un ataque hacia este tipo de defensa, el lateral debe poder iniciar por carril exterior (para garantizar amplitud, circulación de balón, pases entre líneas, centros), tanto como invadir el carril interior e incluso hasta el carril central cuando el balón se encuentra en el extremo opuesto.

La mejor jugada del primer tiempo con balón en movimiento de España frente a Rusia, en octavos del Mundial 2018, nació de un marcador lateral: **Nacho** *encadenó dos acciones consecutivas (y decisivas) para romper un bloque bajo: ganar un 1x1 e inmediatamente insertar un pase filtrado al área para* **Diego Costa***.*

La primera gran jugada en el primer tiempo de River frente a Boca, por Superliga Argentina 2019, viene de un pase filtrado de **Montiel** *(marcador lateral atacando como interior) a* **Ignacio Fernández***, que le gana la espalda a un mediocentro (***De Rossi***) mientras que los dos delanteros agrandan el pasillo central desmarcando hacia afuera. Nótese que ese primer pase disruptivo, haciéndole caso a* **Herbert Chapman** *–lo repetiremos cada vez que sea necesario- con eso de evitar la reorganización defensiva, proviene del primer jugador que*

pudo disponer del balón. O sea, la elaboración puede prescindir de la elaboración. Hay una elaboración express, una elaboración rápida que no puede dejar de ser considerada "elaboración" por el solo hecho que rompe con los lugares comunes, en los cuales la elaboración es sinónimo de secuencia de muchos pases.

Pase filtrado de Nacho (España). Pase filtrado de Montiel (River). El mejor pase filtrado no fue de un mediocentro, ni de un interior, ni de un enlace. ¡Fue de un defensor lateral! Esto viene a confirmar lo que ya se viene diciendo con insistencia: **no son los puestos, son las funciones.** Para darle más fuerza aún, digo: **"Son las funciones, estúpido"**, parafraseando a la frase "es la economía, estúpido", que ayudó a Bill Clinton a ganar las elecciones en 1992 frente a George Bush (padre).

El exterior-interior también debe ser reversible: poder iniciar su trabajo ofensivo en el carril interior (por dentro de la red) y pasar al carril exterior (por fuera de la red) cuando, por ejemplo, el extremo circula a espacios interiores.

Las nuevas funciones de los laterales aplican con idéntica necesidad a cualquiera del resto de los puestos en el campo. Recuerden que estamos hablando de jugadores que sepan jugar tanto por fuera de la red como por dentro de ella. Un defensor central ante este tipo de sistemas, no puede ser solo iniciador (producto de este tipo de defensas no fue **Busquets**, ni **Isco**, ni **Silva**, ni **Asensio** el jugador español que más pases dio en el Mundial de Rusia 2018. Fue el defensor central **Sergio Ramos**), ni siquiera debemos conformarnos con centrales que sepan entregar pases entre líneas. Debemos aspirar a centrales que sean tanto buenos iniciadores de juego (periferia) como buenos invasores de la red (interior) y además, luego de invadirla, que sean buenos llegadores y correctos definidores.

Un extremo en el fútbol moderno no puede dominar solo el carril exterior. Aún siendo temible en el los desmarques o en desbordes en situaciones 1x1. Un extremo tiene que dominar el carril exterior para ello, pero también el interior para realizar apoyos (ellos pueden compensar inferioridades numéricas en el interior de la red), desmarques de ruptura y remates a la portería. También el carril central. Los extremos de fútbol serán cada vez más parecidos a los extremos de balonmano. Mantendrán la amplitud, pero circularán hacia el interior cada vez que un espacio lo sugiera o una sistemática de ataque lo solicite. También, como en el balonmano, deberán ser expertos definidores. *En semifinales de Champions 2010, Barcelona consigue una de las primeras situaciones claras de gol frente al Inter recién a los 22´, con* **Pedro** *abandonando el extremo izquierdo e invadiendo el interior de la red (un elemento que la red no esperaba) para rematar en el eje del campo. En esa zona esperaban a* **Ibrahimovic**, *a* **Messi**, *pero nunca a Pedro. La segunda situación se materializa con Messi haciendo un afuera-adentro en conducción de balón a los 28´.*

Así los laterales, así los marcadores centrales, así los mediocentros. Así con cada uno de los puestos.

El futbolista va hacia una comprensión y ejecución de todos los puestos. Los **"jugadores especialistas"** deberán salir de su zona de *confort* (su puesto-su espacio) para meterse en una zona de aventura, la hermosa (e imprescindible) aventura de transformarse en **"jugadores totales"**.

• (Dani Alves: "Hay mucha gente que quiere la pelota, quiere la pelota, quiere la pelota. A veces podrían causar más daño sin ella. Eso hice en Barcelona. Cuando Pep me enseño a jugar sin balón en Barcelona, esa temporada obtuve algo así como 18 asistencias".)

3.35. INTERVENCIÓN OFENSIVA DEL PORTERO ANTE UN BLOQUE BAJO

Los porteros ante bloque bajo suelen moverse entre extremos. Es decir, no participan en todo el juego o bien, ante emergencia en el resultado, suelen ir a cabecear en las ABP (*tal como ocurrió con* **Cillessen** *en la final de Copa del Rey con Barcelona*). Será necesario construir una opción intermedia.

Las defensas en bloque bajo están cerca de alcanzar ciertos límites máximos de eficacia por delimitación de espacios, basculaciones, ayudas, perfiles, coordinación entre líneas, etc. Las formas de atacarlo están en pañales. Son todavía embrionarias, básicas y hasta rudimentarias.

Aunque les parezca contradictorio, la mejor intervención ofensiva de un portero ante un bloque bajo es impidiendo que se consolide. Es decir, debe ser un iniciador veloz e inteligente de la respuesta ofensiva cada vez que el balón pase por sus manos, sin que el juego se detenga.

Pero si ese objetivo no se logra por múltiples razones (saque de portería, recuperación del balón antes de llegar al área propia, etc) los entrenadores deben ir pensando en analizar la posibilidad de que el portero se integre a la fase de inicio de construcción del juego. ¡Y vaya que participan! Si bien no fue efectivamente contra un bloque bajo, en la final de Champions League 2019 (Liverpool 2- Tottenham 0), el portero **Lloris** terminó con más pases que **Eriksen**, uno de sus jugadores desequilibrantes en el armado del juego. ¿Una rareza? En absoluto, son situaciones que serán cada vez más repetitivas. Es evidente que la formación técnico-táctica de los porteros y defensores debe ser sujeta a revisión inmediata: si los espacios se reducen para los "creativos", la creatividad deberá surgir de los "no creativos". Los porteros se adelantarán en el campo y los defensores serán (por necesidad) los creativos con capacidad de romper con estructuras sólidas. Sin defensores con capacidad para romper la primera línea defensiva, con los creativos ocurren dos cosas:

1)   Quedan absorbidos en altas densidades defensivas (la jaula de **Mourinho** a **Messi** en Champions 2010) y tantas otras jaulas.

2)   Retroceden en el campo a buscar el balón a zonas donde mejoran el juego (tensión exterior), pero agrandan la inferioridad numérica ofensiva en zonas decisivas (tensión interior).

Volvamos al portero. Ya lo pedía **Johan Cruyff** en los años noventa: el posicionamiento del portero en ataque debe estar en relación al posicionamiento del resto de los jugadores. En consecuencia: si el rival juega bloque bajo, el portero deberá posicionarse alto. Piensen ustedes que si no participa ya somos 10x11. Recuerden ustedes que hay que garantizar la circulación periférica del balón. Para ello necesitamos al menos cinco (5) jugadores. Ya es una inferioridad defensiva de seis (6) jugadores dentro de la red defensiva. Veamos algunas posibilidades:

1)   Una de las formas de achicar esa inferioridad numérica es tomar riesgos (lo más controlados posibles, pero riesgos al fin) de integrar el portero como iniciador alto de la circulación del balón. **Julian Pollersbeck**, portero del Hamburgo lo ha hecho. Esta decisión táctica también permitirá evitar que un mediocentro baje a incrustarse entre los marcadores centrales para mejorar el inicio de la circulación del balón. Lo que si, será muy difícil pedirle al portero (excepto que tenga "permiso" para alguna aventura cada tanto) que sea capaz de superar la primera línea defensiva con un regate.

2)   No solo evitas bajar un mediocentro, la incorporación de ese tercer jugador te permitirá mover más a la primera línea defensiva (si está compuesta por dos) y de esa forma crear un lado débil por el cual uno de los defensores centrales pueda avanzar y superar la primera línea defensiva con ganancia de tiempo y espacio.

Observación: a toda acción hay una posibilidad de reacción en modo de respuesta táctica. Si efectivamente esto ocurriera, mi propuesta sería abrirle un pasillo de conducción al portero, alejándolo cada vez más de su zona de *confort* (su portería) y facilitar opciones de contraataque "portería libre".

3)   Si el oponente reacciona ante esto, puede agregar un jugador a la primera línea (para que sean 3x3: dos centrales + portero vs dos delanteros + mediocampista). Si ello ocurre estará restando uno de la segunda línea defensiva y ahí se generarán nuevas oportunidades para asociaciones en el interior de la red. El fútbol fue, es y será una manta corta, si te proteges en un lado, te desprotegerás en el otro y viceversa.

4)   Incorporar el portero a esta fase de juego puede permitir también otras variantes tácticas, como agregar una segunda referencia aérea en el borde del área y jugar salteos aéreos para que ambas referencias bajen el balón para otros jugadores que rompen líneas.

5)   Además, el portero lejos de su zona de *confort* es una tentación para la primera línea defensiva rival ir hacia la presión para el robo. Ahí es donde podemos ampliar el espacio entre líneas, colocar más fácilmente el balón a las espaldas de ella en el interior de la red y comenzar a destrabar todo el engranaje de un bloque bajo. No solo eso, si ese adelantamiento de la primera línea es acompañado por la segunda línea defensiva, a esa espalda jugaremos el balón.

6)   Por último, el portero ubicado alto también funciona como disuasor de envíos largos a espaldas de los defensores centrales.

3.36. LA PRIMERA SUPERIORIDAD NO EXISTE FRENTE A BLOQUE BAJO

La tan buscada primera superioridad ante presión alta (resultante de superar la presión de un jugador al portero) no existe frente a un bloque bajo y ahí radica una de sus grandes fortalezas. La inferioridad es tan grande en el interior de la red que, superando a un oponente, aún no consigues equilibrar las fuerzas.

Si los delanteros que componen la primera línea defensiva no tienen intenciones de atacar a quienes inician el juego, la posibilidad de conseguir esa "primera falsa superioridad" (falsa pero necesaria) se vuelve imposible. Por lo tanto, también se hace imposible encontrar al hombre libre, porque hay tanta inferioridad que no hay existencia de hombres libres en el interior.

Volvemos aquí al punto. El bloque bajo aleja tanto el inicio de la construcción del ataque que desactiva a los porteros de él (excepto que se tome riesgo y juegue alto), mientras que participa activamente en la construcción del juego cuando de presión alta se trata. Una razón más, que activa las inferioridades numéricas en torno al ataque frente a bloque bajo.

Portero atacando ante:	
Presión alta	Bloque bajo
Imprescindible activado	Tradicionalmente desactivado
11x10 en ataque (el otro portero desactivado)	10x11 en ataque

3.37. EL DOBLE 9 COMO RECURSO PARA DISMINUIR LA INFERIORIDAD NUMÉRICA

Cuando ante bloque bajo ubicas un doble nueve, generas algunas posibles respuestas defensivas desconcertantes.

Como primera medida, los centrodelanteros deben generar ambos el mismo "respeto" a la defensa rival.

Como segunda medida, hay que ubicarlos entre los marcadores centrales y los marcadores laterales.

Como tercera medida, tienen que tener capacidad de "estar" tanto como "entrar". Como para "entrar" primero hay que "salir", en el "salir" deben ser capaces de jugar a las espaldas de los mediocentros.

De esta forma, dos centrodelanteros tienen la capacidad de fijar cuatro defensores, pero de confundir seis rivales si tenemos en cuenta que pueden preocupar a ambos mediocentros (y hasta ocho en casos extremos cuando el centrodelantero sale a apoyar a un interior o un lateral entre medio de las dos últimas líneas defensivas).

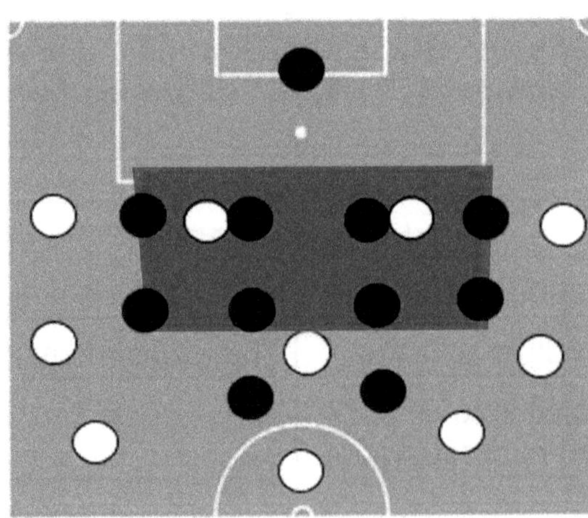

Si esto efectivamente ocurre, pueden abrirse nuevas oportunidades al equipo atacante:

1) Disponer de extremos más liberados (por la atención adentro-afuera que se le genera a los defensores laterales).

2)	Mayores oportunidades de disminuir las inferioridades numéricas en el interior de la red y de esa forma mejorar la circulación de balón interna.

3)	Posible ruptura de equidistancia de líneas defensivas por hundir más la segunda línea con la última (los mediocentros para colaborar con los defensores centrales y los mediocampistas exteriores con los defensores laterales).

En relación al doble 9 ante bloque bajo, son más las opciones que se lo utiliza como emergencia sobre final que como recurso inicial. Es decir, el doble 9 es una estrategia reactiva cuando perfectamente puede ser una estrategia proactiva. Veamos cuatro casos reactivos (tres equipos plantan bloque bajo desde el inicio, el otro también era factible que hacia ello fuera: los cuatro equipos era previsible que irían al bloque bajo más temprano o más tarde). En todos los casos había suficientes pistas como para decidir un doble 9 desde el inicio (o al menos con mayor antelación):

1)	*Barcelona-Inter 2010.* **Bojan** *reemplaza a* **Ibrahimovic.** **Piqué** *termina improvisando (porque no es un 9 natural) un doble nueve (¿es casualidad que así llegue el gol de Barcelona?).*

2)	*España-Rusia 2018.* **Aspas** *reemplaza a* **Costa.** *Recién en tiempo de alargue, a los 104´,* **Rodrigo** *ingresa para el doble 9 con Aspas (¿es casualidad que así se haya visto la versión más agresiva de España?).*

3)	*Argentina-Islandia 2018. Faltando seis minutos ingresa* **Higuaín** *para jugar de doble 9 junto a* **Agüero.**

4)	*Atlético Madrid – Bayern Munich, semifinales de ida Champions League 2015/16. Con los colchoneros en una defensa profundamente replegada,* **Müller** *ingresa para jugar del doble 9 junto a* **Lewandowski** *a los 70´. Ello no implicó que a partir de allí Bayern exprimiera el recurso de los envíos al área. Ya lo venía haciendo desde hacía mucho antes.*

Un quinto caso, aunque con algunas particularidades fue:

*5) Norwich-Manchester City 2019. A los 55 minutos, y con City perdiendo 1-3, **Guardiola** manda el ingreso al campo de **Gabriel Jesús** para jugar de doble 9 con **Agüero**.*

Efectivamente se produce una ecuación bastante simple de evaluar: el tiempo dedicado a la "construcción" no se corresponde directamente con las situaciones de gol generadas. Sumado que el tiempo dedicado a la construcción fallida termina en centro, es obvio que se debe recortar el tiempo dedicado a construir e ir a una opción más simplificada de lo que efectivamente está ocurriendo en el campo: darle más oportunidades en el área a los envíos que llegan desde afuera de ella.

3.38. ¿CÓMO DESARROLLAR NUEVAS FORMAS DE INCORPORAR VIEJOS CONCEPTOS A NUESTROS CENTRODELANTEROS?

Debido a la estrecha similitud de una defensa de bloque bajo en tres o dos líneas con el balonmano, sugiero que los centrodelanteros hagan entrenamientos con equipos de ese deporte en el puesto de pivote (el pivote en el balonmano no es el mediocentro de fútbol, sino su número 9).

¿Quiere que aprenda a moverse frente a un bloque bajo de dos líneas? (por ejemplo un 5-4 + 1 jugador descolgado) Hágalo entrenar contra defensas 3:3.

¿Quiere que aprenda a moverse frente a un bloque bajo de tres líneas (por ejemplo un 4:4:2)? Hágalo entrenar contra defensas 3:2:1.

Básicamente, los pivotes en balonmano tienen tres funciones:

1) Apoyar.
2) Desmarcar.
3) Bloquear (será necesaria esta incorporación al fútbol).

Además, se llevará para sí una experiencia novedosa y ya nunca podrá olvidarlo como "el entrenador que le hizo jugar al balonmano".

3.39. ATAQUE AÉREO SOBRE LOS MARCADORES LATERALES

Como entrenador, cuando encuentras en el rival un "talón de Aquiles" es tu obligación idear la mayor cantidad de opciones para que alguna flecha se clave en ese talón. La creatividad (para la fluidez divergente) es una gran aliada aquí.

Con marcadores laterales débiles en el juego aéreo también podemos pensar opciones de ataque como estas:

Simétricas

1)   4-2-2-2: dos enlaces y dos extremos. Cada uno de esos enlaces es un buen cabeceador que va a buscar los centros enviados desde zona 13 y 15 con laterales en proyección.

2)   4-2-4: en la línea de ataque dos extremos, un centro atacante y un falso 9.

a) El falso 9 ataca ambos laterales ante centros de los extremos.

b) El 9 ataca los laterales y el falso 9 invade el área por su eje.

Asimétricas

1)   4-2-1-3: con un solo extremo y el enlace cabeceador jugando "libre" por sector opuesto.

2)   4-3-3: con un solo extremo y dos centroatacantes. Uno sobre los marcadores centrales y el otro sobre el marcador lateral.

Simétricas	Asimétricas

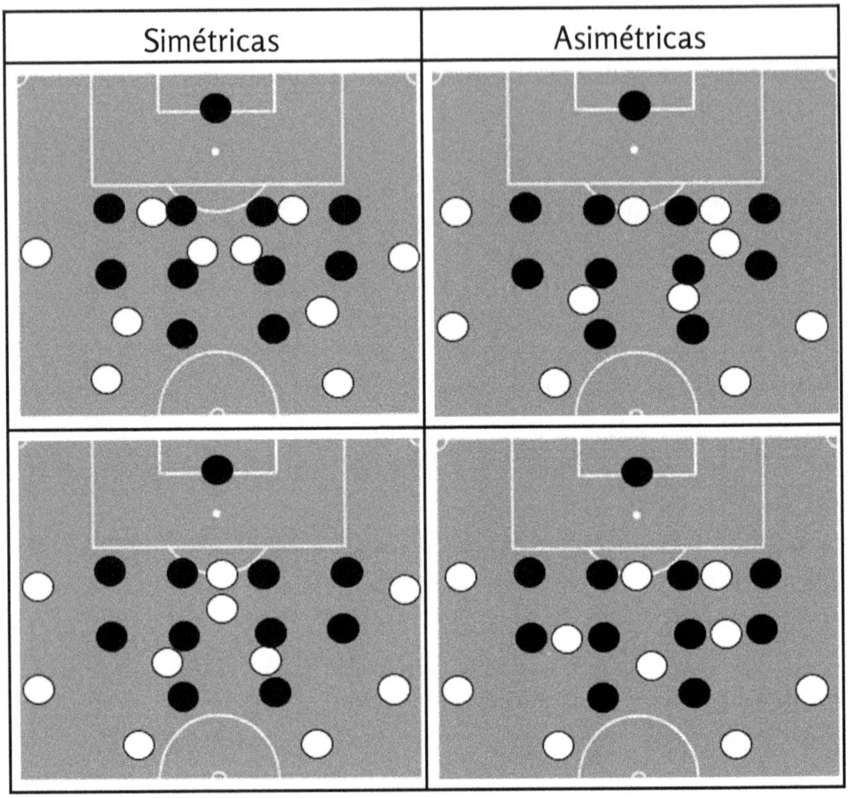

*De forma más espontánea que las elaboraciones tácticas anteriores, pero no por ello menos estudiada, Liverpool buscó la cabeza de **Salah** por sobre **Rose** en algunas situaciones de esta tipología en la final de Champions League frente a Tottenham.*

3.40. EL "PLUS" DE LOS DEFENSORES CENTRALES

Ante bloques bajos que se extreman en minimizar su profundidad, los defensores centrales deben saber entregar un plus: el **remate de larga distancia.**

Nunca más hay que llegar a situaciones en las cuales se le pide a los defensores centrales que por favor no rematen de larga distancia, tal como reconoció el propio **Pep Guardiola**

("No tires, Vinnie, no tires, no tires...") con el remate de larga distancia de **Vincent Kompany** frente a Leicester, que le permitió ganar la Premier League 2018/19. Claro, Kompany no remataba desde afuera del área desde el año 2013 y desde 2007 que no convertía desde tan lejos. Lo ideal sería llegar a situaciones donde se diga "Remata, Vinnie, remata, remata...". Ante un equipo que recibe tantos rivales defendiendo bloque bajo (como suele ocurrirle a Manchester City), es un agujero negro bastante profundo no tener marcadores centrales que rematen desde larga distancia.

En la semifinal de ida de Champions League 2015/16, pareció bastante evidente que el único jugador del Bayern que tenía cierta libertad de conducción era el defensor central Alaba. No sufrió acoso ni presión. De esa libertad, Alaba sacó un remate desde bien fuera del área que se estrelló en el travesaño y pudo arruinar el triunfo del Atlético Madrid.

Cuanta menos presión reciban los defensores centrales, mayor deberá ser su agresividad con el espacio y el balón. O bien para "lastimar", o bien para reclamar una atención defensiva diferente y así liberar a compañeros más "productivos" ante defensas muy replegadas. El remate a distancia es una gran forma de "producir" (o en su defecto llamar la atención). **Si la tiene el que ellos quieren que la tenga, hay que hacer cosas que ellos no esperan que haga.**

Piénsenlo en términos de balonmano. La profundidad defensiva está determinada por la cantidad de daño que realizan los tres armadores (un armador central y dos armadores laterales) con sus lanzamientos a distancia. La regla es bastante simple: cuanto más dañan a distancia, más profundidad debes darle a tu defensa (para disuadir que lancen). Cuanto menos dañan a distancia, menos profundidad debes darle (para invitar a que lancen esos lanzamientos que no lastiman).

Con la defensa en bloque bajo de fútbol ocurre algo que tiene una profunda similitud.

3.41. EL REMATE DE LARGA DISTANCIA EN LA MENOR UNIDAD DE TIEMPO POSIBLE

Ante bloque bajo debes tener entrenados los jugadores que se disponen en el interior de la red para que puedan rematar de larga distancia en forma precisa y potente (lo cual no es nada fácil de hacer), pero que además esos remates puedan ser ejecutados en espacios bien reducidos con altas posibilidades de disuasión o blocaje (lo cual hace más difícil lo ya difícil) y que, por último, sean ejecutados en la menor unidad de tiempo posible (lo cual hace más difícil, lo que ya se había vuelto difícil de lo difícil). Con estos multiplicados niveles de dificultad, es obvio que los remates de larga distancia no sean moneda corriente. Ahora bien, volvemos a lo mismo del punto anterior. ¡Necesitas rematar desde afuera para que esa defensa tienda a descomprimirse!

Necesitas primero del remate para disponer luego de una segunda herramienta: el amague o la finta de remate. Nadie intentará disuadir o blocar un remate de alguien que no tiene historia de remate (por esto también es que **Kompany** remata con cierta comodidad tiempo-espacio). En el amague o la finta de remate habitan nuevas intenciones tácticas: un regate para un 1 vs 1 exitoso, un pase profundo a alguien que escala líneas, etc. Necesitas que un jugador salga a blocar para que quede un espacio por detrás, para poder insertar un pase entre líneas con menos densidad defensiva. Y para que ello ocurra es necesario buenos rematadores de larga distancia.

3.42. LOS PASES NO COLINDANTES O SALTEOS

Ya hemos visto que la circulación de balón tradicional, de jugador a jugador, no resulta efectiva para movilizar y/o quebrar un bloque bajo. Con una simple basculación alcanza para resolver el problema. Pero ocurre que ¡no podemos prescindir de la circulación del balón! ¿Entonces?

Una de las posibilidades es incrementar la cantidad de salteos o pases no colindantes (donde salteamos a compañero colindante en la circulación). Como toda decisión tiene puntos fuertes y débiles. Entre los fuertes:

1)   Acelerar la llegada del balón hacia puntos más distantes y con ello obligar a basculaciones más repentinas.

2)   Permite combinar la circulación de balón con circulación de jugadores (el jugador salteado desdobla). El receptor del salteo, luego de pasar compensa el espacio del jugador que desdobla.

Entre las débiles:

1)   Al ampliar la distancia de línea de pase, mayores posibilidades de interceptación, de encontrar la defensa descompensada (por el jugador que circula) y recibir un contraataque.

3.43. LOS CAMBIOS DE ORIENTACIÓN

El bloque bajo defensivo tiene dos tendencias naturales:

1)   Una cierta permisividad periférica (la protección principal de los espacios se produce por el centro).

2)   Una basculación que agranda, alternadamente, los espacios por fuera contrarios a la localización del balón.

Generalmente con extremos manteniendo amplitud, o defensores laterales que escalan líneas, se provocan reiterados cambios de orientación.

Estos cambios de orientación suelen demandar más tiempo del necesario para que puedan calificarse de sorpresivos y generadores de contextos favorables. Las razones básicamente son dos:

1)   Relativo a los pases: o bien no llevan la tensión necesaria o bien no son colocados por delante del receptor.

2)   Relativo a la recepción: necesitan de varios toques de balón para asegurar el control antes de pasar.

Vamos a enfocarnos en este último punto: debemos lograr **extremos o defensores laterales que sean capaces de pasar el balón sin necesidad de controlarlo**. El control debe ser el pase mismo. ¡Un solo contacto con el balón! De esa forma podremos recortar el tiempo necesario para que un interior pueda invadir un espacio por detrás de un defensor. Cuanto más toques de balón requiera el control ante un pase, más volverá la defensa a su estructura consolidada.

La capacidad de cambiar de orientación y el control sucesivo es importante para, a nivel defensivo, determinar el nivel de basculación y la densidad defensiva. Cuanto menos nivel tenga el pase para el cambio de orientación y menos capacidad de control su receptor, mayores posibilidades defensivas de aumentar la basculación y la densidad defensiva hacia la zona del balón.

Rusia en el Mundial 2018, en el partido con España, hizo un trabajo defensivo de juntar líneas en el bloque bajo pero también de juntar los hombres en la misma línea (densidad defensiva inter e intralínea). La libertad periférica otorgada del lado del balón no fue tan extrema, por lo cual los desplazamientos en basculaciones horizontales eran intensos, lo que provocó numerosos cambios de orientación de parte de España.

Este tipo de bloque bajo con libertad periférica frontal, pero no lateral, aumenta su eficacia al disuadir no solo juego interior sino también envíos en forma de centro desde las bandas.

3.44. Circulación de jugadores

Gian Pedro Gasperini, entrenador de Atalanta de Italia, dijo en una conferencia de 2015: "En defensa vemos que la simetría da certeza, porque se ocupan bien los espacios, defiendes bien, el adversario tiene poca posibilidad de moverse, hay más jugadores distribuidos en el mismo espacio, pero el fútbol también tiene una fase de ataque. Y en la fase de ataque también se realizan esfuerzos por mantener las mismas simetrías, el mismo modo de juego, pero estamos de acuerdo que se torna más predecible. Tal vez, si siempre mantienes las mismas posiciones, el oponente sabe dónde estás ubicado, sabe dónde está el atacante. Y la base es siempre el movimiento. El movimiento es siempre el que estropea todo, rompe las simetrías y da vuelta todas las certezas defensivas".

Sin circulación de jugadores no hay circulación de balón que pueda ser efectiva (porque no hay distracciones ni cambios de oponente o reajustes de marcas en los defensores).

Sin embargo, sin circulación de balón hay circulaciones de jugadores que pueden ser efectivas (con balón en los pies de pasador, el juego circulante provoca distracciones, cambios de oponente y reajustes de marcas que permiten filtrar un pase).

¿Quieres que una circulación sea más efectiva?

1)   Iníciala cuando tu par defensivo no te tiene dentro de su campo visual. La posibilidad de sorpresa se agranda.

2)   Ten siempre presente que la circulación puede ir cambiando de intención sobre su mismo camino: puedes iniciar una circulación de desmarque y ante obstaculización transformarla en circulación de apoyo y viceversa.

3.45. DE LOS EXPERTOS A PASAR ENTRE LÍNEAS A LOS EXPERTOS EN CREAR PASILLOS

A todos nos encantan esos jugadores capaces de insertar pases entre líneas, milimétricos. Luego de ver a **De Rossi** en Boca Juniors rompiendo líneas o hundiéndose unos metros, aun sabiendo que no recibirá y con el único objetivo de hacer permeable líneas de pase que estaban ocultas, se me ocurrió la idea de exagerar* las funciones sin balón e insertar (siempre frente a bloque bajo) **una nueva categoría: "los pasilleros": aquellos que la función con el balón es mínima, pero su función con el espacio es máxima.** Aquellos destinados a construir pasillos, siempre breves, siempre fugaces, para aquellos que tienen la exquisita capacidad de pasar entre líneas (recordemos aquí que uno de los grandes puntos fuertes del bloque bajo es impedir filtrar pases al interior. Ya lo dijo el entrenador **Carlos Alberto Parreira:** "En este Mundial (por el 2018), prácticamente no se ha dejado ningún espacio entre líneas").

En la final 2019 del Mundial Sub 20, entre Ucrania y Corea del Sur, se produce un hecho muy significativo en la dirección que menciona Parreira. Corea logra posicionar un jugador con balón en zona 14, un compañero inicia un desmarque de ruptura el cual es claramente percibido por el poseedor del balón. Sin embargo, opta por un pase horizontal y ¡levanta la mano pidiendo disculpas!, casi como diciéndole "te vi, pero es imposible introducir el balón allí" (había cinco jugadores de Ucrania en ese pequeño espacio).

Es necesario, entonces, que jugadores sin balón hagan tareas ofensivas para que, casi simultáneamente, puedan hacerlas también los jugadores con balón (y así poder filtrar en lugar de pasar horizontalmente). Pensaba en la colocación de un "pasillero" entre la primera y segunda línea defensiva y otro "pasillero" entre la segunda y tercera línea defensiva. Son jugadores que combinan el desplazamiento horizontal (para arrastrar y fijar o para cortinar en términos de balonmano -cuidado aquí, cortinar no es sinónimo de bloquear-) para luego de hacer permeable el pasillo, realizar un movimiento de desplazamiento vertical para invadir el espacio posterior a esa línea defensiva, a fin de integrarse en ese "breve momento" en el cual pudo ser filtrado un balón.

De esta forma, un pasillero puede ser inicio y fin de una acción de ataque a bloque bajo. Y puede hacerlo hasta con un solo toque de balón: aquel que termine empujando el balón a la red o termine entregando el pase final hacia un compañero (no olvidemos que es un jugador que aparece invadiendo un espacio no original).

Es que, en un hipotético e imaginario caso que se suprimieran todas las acciones ofensivas y quedara una, me quedaría con la de "atacar pasillos": 1) atacar para progresar con balón. 2) Para fijar dos oponentes. 3) Con pase para ganar espaldas. 4) Sin balón, para aparecer al final del pasillo y ser receptor de esa ganancia de espaldas.

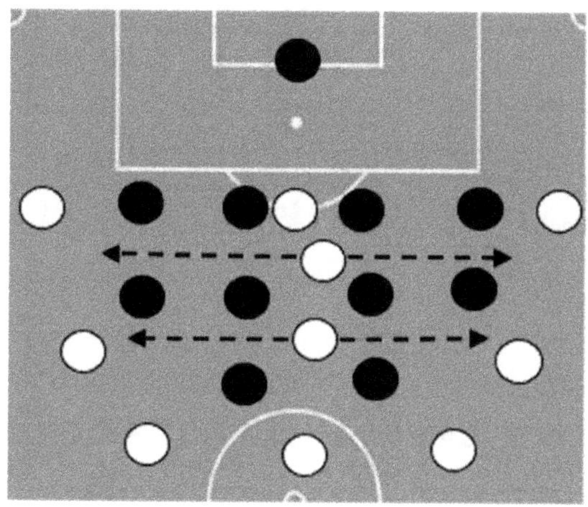

• En creatividad utilizamos la exageración (hipérbole) como un método natural de generación de ideas.

3.46. DE "PASILLEROS" A "LABERINTIANOS"

Una nueva posibilidad de exploración táctica radica en tomar la topografía que forma un bloque bajo y poner de dos a tres jugadores a moverse con libertad (pero con libertad absoluta, solamente evitando su superposición) en ese laberinto imaginario de dos calles horizontales y tres calles verticales.

Si pudiera dar una imagen metafórica, además del laberinto, sería la de un Pac-Man (ese célebre videojuego de los

8o′) que debe comer todos y cada uno de los puntos de la pantalla. Así deberían moverse los "laberintianos": todos y cada uno de los recorridos del laberinto.

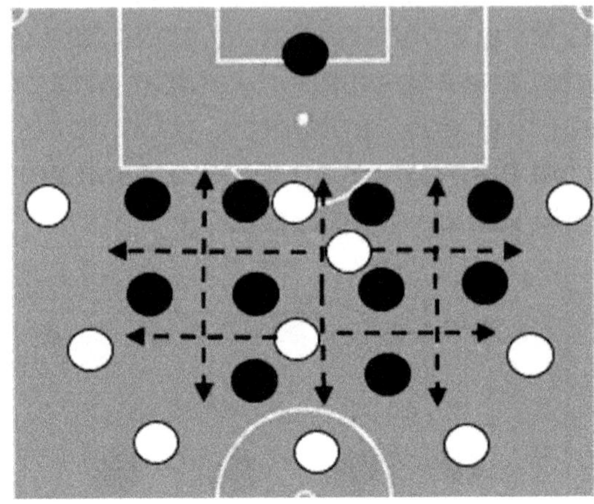

3.47. ¿DIFICULTADES PARA ATACAR BLOQUE BAJO? OPTIMIZAR OTRAS FASES DEL JUEGO.

¿Sabes que el partido va a resultar espeso porque el rival te complica con su bloque bajo?

Debes encontrar todas las respuestas para vencerlo, pero también debes encontrar todas las respuestas para vencerlo (en otro campo) por si no puedes vencerlo (en ese campo).

Básicamente reposiciones de banda y ABP (Acciones a Balón Parado). El mundo de la especialización deportiva entrega especialistas en momentos del juego como los mencionados. En 2018, **Klopp** contrató al danés **Thomas Gronnemark** para entrenar a sus *laterales* en los lanzamientos de banda.

Islandia (en el Mundial 2018 versus Argentina) cada vez que tenía una reposición de manos en zona ofensiva, enviaba el balón al área para juego aéreo (evitando de esta forma pasar por una fase de construcción en juego posicional, que evidentemente no era su fuerte). Además, con este tipo de jugadas, Islandia había conseguido ya varios goles en la Eurocopa.

Antes, Fiorentina (2013) tenía a **Gianni Vio** como profesional encargado de las situaciones de ABP. A Vio llegaron a llamarlo "el goleador invisible".

¿Por qué las ABP? Porque entre un 30% a 40% de los goles provienen desde esa situación (un 22% terminan en remate, un 9% se dirige a la portería y solo un 2% de los intentos se materializan en gol).

*España en el Mundial 2018 luchó contra un Rusia casi invulnerable en el bloque bajo. ¿Cómo consiguió su gol? Una ABP donde **Ramos**, mediante engaño, queda uno contra uno en un espacio amplio con **Ignashévich**, a pesar de que Rusia defendió la ABP con sus once jugadores.*

El fútbol del siglo XXI entrega cada vez más creatividad en la construcción de ABP. Ahora mismo puedes ir a YouTube a ver las delicias que crearon Tayikistán en el Sub 17 o **Eddie Howe** en la Premier League con el Bournemouth.

3.48. BLOQUE BAJO + ABP OFENSIVA

En el campo de las suposiciones, imaginemos un equipo que defiende bloque bajo pero que su calidad de transiciones ofensivas es baja. ¿Debe conformarse con aspirar a ser solo un equipo defensivo? En absoluto.

El bloque bajo, como exclusiva herramienta defensiva, es un pobre bloque bajo. En su interacción con el ataque nace su riqueza.

En situaciones hipotéticas como la planteada, sugiero mantener el espíritu contragolpeador. ¿Pero acaso no dijimos que es un equipo de baja calidad en transiciones? Sí. Pero la insistencia en el contraataque tiene que ver con la posibilidad de generar infracciones y ahí disponer de un

equipo experto (y creativo para sorprender) en acciones de ABP ofensivas.

Algo de esto fue Rusia en el Mundial 2018. En el partido eliminatorio con España, en las acciones a balón parado lograba que los once jugadores de España estuvieran en tarea defensivas sin dejar ningún jugador descolgado para el contraataque. Y así consiguió el empate. Un envío desde el córner y un penal de **Piqué** *transformado a gol por* **Dzyuba**.

Algo de esto fue Boca Juniors frente a River Plate en Superliga 2019. Desde el bloque bajo y la soledad de **Hurtado** *descolgado en ofensiva, era difícil creer que pudiera llegar al gol en esa inferioridad numérica repetitiva. Sin embargo, así apostó Boca y con ello al efecto secundario de las infracciones. El interés final radicaba en las ABP, donde enviaba a cabecear a sus dos marcadores centrales (***Izquierdoz*** y* **López**). *Esa decisión ofensiva es coherente con la defensiva (liberar bandas, comprimir hacia adentro: en su área tenía dos marcadores centrales de buen juego aéreo: Boca privilegió defensivamente que le llegaran de esa forma. No es casualidad entonces que recibiera 26 centros).*

Si eres bien defensivo, y además eficiente, con el bloque bajo (defensa posicional) pero no eres bueno en los contraataques (transiciones ofensivas) ni en el juego elaborado (ataque posicional), pues no te quedan muchas más opciones que ser verdaderamente bueno en las acciones a balón parado (ABP).

3.49. Atracción Fatal

Si efectivamente no logras atacar con éxito el bloque bajo antes de su fase de organización y consolidación, es necesario encontrar otras formas de desintegrarlo.

La lógica dice que debe correr por el lado de la atracción para estirarlo. Hay veces que se consigue.

Arsenal de Mikel Arteta en un partido frente a Newcastle (2020) consigue el gol de Özil luego de 35 pases y que todos sus jugadores intervengan. Los primeros 24 pases frente al bloque bajo del Newcastle no logran ningún efecto. Pero es a partir del pase 24, cuando el balón corre hacia atrás, y muy especialmente a partir del pase 26 donde llega al portero, que Newcastle se siente atraído y rompe la organización defensiva del bloque bajo. Ahí es donde Arsenal, en apenas una secuencia de 9 pases, obtiene lo que no puedo lograr antes con los otros 26.

Ahora bien, no siempre los rivales se sienten atraídos (y en consecuencia estirados) por el solo hecho de llevar el balón hacia atrás. Todo lo contrario, ignoran esa oportunidad de forma deliberada, haciendo quedar en ridículo al equipo poseedor (pasar el balón al portero cuando ninguno de los defensores centrales se encuentra acosado).

Para que el rival rompa la lógica, primero debe romper la lógica el propio equipo. Si la lógica del equipo rival es no desorganizar el bloque bajo, aun teniendo el portero el balón en los pies lo que reste del juego, ese bloque no se romperá (mucho menos si ese equipo va ganando y en algunos casos puntuales también si va empatando). Hay que ofrecerle entonces una nueva lógica. Y esa lógica tiene que tener condimentos que hagan irresistible el estiramiento. La atracción debe ser fatal sino no será atracción. La tentación debe ser absoluta. Hay que lograr que el instinto venza el razonamiento. Es necesario lograr que al menos un cerebro decida alguna acción inconsciente e impulsiva para que ese jugador rompa la estructura defensiva y abandone el bloque (que tenía obligación de no abandonar). Y como las conductas son contagiosas, el cerebro tiene tendencia a la imitación, esperar que más jugadores abandonen el bloque y se estiren.

Ahora bien, la pregunta es ¿cómo hacerlo? La respuesta es engañando, poniendo carnadas bien interesantes. El pez no debe poder resistirse a ir en la búsqueda de ese anzuelo.

De forma práctica los defensores han de tener algunas secuencias de pases bien pensadas, ensayadas y entrenadas para dar al rival la sensación de que se ha cometido un error técnico en el pase (en vez de un pase que reciba de frente como es lógico, realizar un pase por detrás del jugador, que esté obligado a retroceder para "corregir" y dar la espalda a la portería contraria). El jugador rival debe sentir ahí una oportunidad de robo de balón para convertir un gol de manera simple y con poco esfuerzo táctico. La secuencia de pases, luego de la "atracción fatal", deberá incluir un pase al portero que acelerará la transición hacia la portería rival con un pase entre líneas (si no disponemos de porteros que tengan esta capacidad, la atracción fatal apenas se convierte en una atracción convencional).

La lógica de pensamiento tradicional indica que se debe entrenar para resolver de forma inteligentemente correcta. Pero si el equipo rival no se estira: no fue tan correcto, ni tan inteligente, ni tan lógico.

La lógica de pensamiento creativo indica que se debe entrenar para resolver de una nueva forma que será más inteligente y más correcta que la anterior (porque a diferencia de aquella, consigue el objetivo buscado). Si el equipo rival se estira: fue correcto, fue inteligente y terminó siendo lógico.

SILBATO FINAL

En pleno siglo XXI en donde vivimos épocas exponenciales, complejidades recurrentes y tecnologías disruptivas, ningún entrenador que no pudo ganar el partido puede utilizar como excusa la frase "cruzaron el bus en la portería" (*Parking the bus*) porque si bien la descripción es objetivamente correcta, también deja leer entre líneas que al equipo le faltó creatividad para ofrecer nuevas soluciones al juego (y si le faltaron ideas a los jugadores, es probable que le hayan faltado antes ideas al entrenador y su cuerpo técnico).

Como entrenador, si quieres, has de aplicar una creatividad transversal en todos los momentos que tiene el juego (ABP defensivas y ofensivas, transiciones defensivas y ofensivas, además de defensa y ataque posicional) y sus distintas tácticas para abordar cada uno. La táctica es dependiente de la inteligencia pero también de la creatividad, porque según piensan muchos expertos: la creatividad es el eslabón más elevado de la inteligencia.

Puedes ser un entrenador inteligente y eso está muy bien. Pero puedes ser un entrenador inteligentemente creativo y eso estará mucho mejor.

En los escenarios hipercompetitivos actuales no alcanza con "saber de táctica". Es necesario ser un "inventor de tácti-

cas". No alcanza con saber de "métodos de entrenamiento". Es necesario ser un "inventor de métodos de entrenamiento".

Solo siendo inventor de métodos y de tácticas (aunque a veces no sean más que pequeños detalles tácticos) podrás:

a) Gestionar mejor las fortalezas de tu equipo.
b) Disimular las debilidades.
c) Exprimir las debilidades del rival.
d) Atenuar sus fortalezas.

Ocurre que luego de un partido te encuentras como entrenador ante algunas sensaciones inevitables (y que nacen de las entrañas más profundas e inconscientes). No puedes escaparte a una de estas cuatro sensaciones:

a) Satisfacción por el juego y el resultado.
b) Satisfacción por el juego e insatisfacción por el resultado.
c) Satisfacción por el resultado e insatisfacción por el juego.
d) Insatisfacción por el juego y por el resultado.

Te deseo que todos los escenarios que te provocaron satisfacción incluyan el gozo de haber "creado e inventado" para resolver los problemas tácticos que inevitablemente iba a entregar el juego.

Te invito a que todos los escenarios que te provocaron insatisfacción no encuentren una excusa como respuesta y desencadenen la necesidad de inventar cada vez más ideas y opciones para utilizar cada vez menos excusas.

Espero que hayas disfrutado de la lectura de este libro y, muy especialmente, que te sea de utilidad. Saber cómo defender y cómo atacar un bloque bajo puede ser la diferencia entre el triunfo y la derrota. Ahora bien, al ser especialista en creatividad e innovación aplicada al fútbol, por supuesto que mi única inquietud no es el bloque bajo, aunque pueda ayudarte a mejorar la forma que lo defiendes y la manera en que lo atacas. El bloque bajo es apenas una de las millones de manifestaciones (tácticas, técnicas, físicas, metodológicas, motivacionales y tantas otras) sobre las cuales podemos crear e innovar para agregar valor al juego, resolver sus retos y dificultades.

La creatividad (y su posible innovación) es el impulso vital por el cual los humanos hemos llegado hasta aquí. Ello incluye al fútbol. Desde el fuego hasta el *big data*. Desde la rueda hasta la inteligencia artificial. La creatividad es soporte básico de sobrevivencia y superación.

Amo desentrañar variables, investigarlas, cuestionarlas y redimensionarlas. Es elegir un camino que te saca de la zona de *confort* en el fútbol y en la vida. Y, por si aún no he sido lo suficientemente explícito, te invito a que tú también lo hagas. Te maravillarás del camino. Y también de los resultados.

Difiero profunda pero respetuosamente con los que dicen que en el fútbol está todo inventado. Personalmente estoy bien convencido que está todo por REINVENTARSE.

Feliz viaje. Feliz vuelo. Feliz aventura.

HOJA DE VIDA GERMÁN CASTAÑOS

Su formación amplia y ecléctica le permite adentrarse en los terrenos de la creatividad e innovación aplicada al fútbol con soltura imaginativa y conocimiento del ámbito, traspasando conocimientos de un *expertise* a otro y facilitando así el acercamiento a ideas disruptivas para los procesos de innovación que necesita todo entrenador y su cuerpo técnico para aumentar su nivel competitivo.

Es **Máster en Innovación** y Desarrollo Emprendedor por la Universidad de Salamanca (España), habiendo aprobado la tesis final con la hipótesis conceptual que luego terminó siendo el libro de creatividad "El Pensamiento en Montaña Rusa".

Es **Autor de cinco libros sobre Creatividad e Innovación** (*Ideas Vip; Gente positiva; El pensamiento en Montaña Rusa; Guardiola, el ladrón de ideas y Parking the bus*) que se comercializaron en las librerías más prestigiosas de toda Latinoamérica, Estados Unidos y España, habiendo llegado varios de ellos a estar entre los diez más vendidos en sus respectivos lanzamientos en las categorías: motivación, negocios y fútbol.

Es **Speaker Internacional** con audiencias de hasta 500 personas en Argentina, México, Ecuador, Guatemala y Colom-

bia. Disertó en los auditorios de la Federación Ecuatoriana y Guatemalteca de Fútbol.

Es **disertante TEDx**, la plataforma mundial más reconocida de divulgación de conocimiento e inspiración.

Es **Profesor de Educación Física** y se ha desempeñado en colegios, clubes, colonias de vacaciones y otros ámbitos.

Fue **Preparador Físico de Fútbol** y ha entrenado equipos hasta nivel Argentino B (actual Federal A).

Fue **Entrenador Internacional de Balonmano** y ha sido campeón más de 50 veces entre torneos locales, regionales, ligas federadas, medallas de oro (4), plata (2) y bronce (3) en TJB, Mar del Plata Cup y Campeón Nacional de torneos organizados por la Confederación Argentina de Handball.

Escribió el primer libro de creatividad e innovación en el fútbol de la historia de este deporte, el cual va ya por su cuarta reimpresión.

Es **Asesor, Consultor y Coach** de entrenadores de equipos profesionales de distintas ligas profesionales del mundo.

Es **inventor del "Innovation Soccer Day" y del "Innovation Soccer Week"** para entrenadores y cuerpos técnicos donde se trabajan, de forma intensiva y presencial, las herramientas de creatividad e innovación aplicadas al fútbol en técnica, táctica, entrenamientos, motivación y liderazgo.

Es **creador de la metodología "InnovaFútbol: Fútbol de calle al club"**, el primer método para enseñar fútbol infantil sin necesidad de "saber de fútbol".

Es **futurista del fútbol** habiendo predicho, en su libro *Guardiola, el ladrón de ideas*, decenas de nuevos avances que ha experimentado el fútbol en los últimos años en aspectos de rendimiento como táctica, tecnología, liderazgo, reglamento o métodos de entrenamiento.

Fue **Periodista de Fútbol** en radios locales, comentarista invitado en torneos federales y transmisiones de Boca Juniors en Superliga y Copa Libertadores.

Es **inventor** de juegos de mesa y ha desarrollado versiones renovadas de clásicos como Ajedrez, Go, Senku, de memoria estilo Memotest y otros.

Es **Diseñador de ideas y conceptos** (+1900) y ha presentado conceptos en distintas industrias: tecnología (Phillips), entretenimiento (Endemol), gastronomía (Burger King), bebidas (Coca-Cola) y comunicaciones (Movistar), entre otras.

Es **asesor de empresas** en los procesos de creatividad interna e implementación de políticas de innovación. Actualmente conduce el área en un multimedios compuesto de TV, diario y radio.

Fue **Subsecretario de Innovación** de la ciudad de Necochea.

Fue **fundador** del primer newsletter de creatividad e innovación donde empresarios, emprendedores y profesionales de toda Latinoamérica interactuaban con temas afines.

Fue **fundador** de Capocheta, el primer *pay per view* de ideas por Internet.

Fue el **inventor** de los "juegos de pensamiento lateral de negocios" (plasmado en el libro Ideas *Vip*), superando así la vieja práctica de los juegos de pensamiento lateral genéricos que se usaban en las capacitaciones empresariales.

Es **integrante** y uno de los lanzadores del Movimiento Mundial de Metacreatividad en Argentina.

Ha **escrito artículos** sobre creatividad e innovación en medios argentinos como *La Nación, Clarín y Fortuna*, además de medios chilenos (*Innovación Chile*), españoles (*Ined*) y mexicanos (*Roastbrief y LitIn*).

Sus libros han sido recomendados por *infoBAE Profesional, Revista Gestión* de HSM Group, *Revista Nueva, Ecos Diarios, La Gaceta, Revista Tendencia Hombres, Revista Para Ti, Revista Gente, Diario La Voz del Interior y Página 99*, entre otras.

Es Guardavidas sin ejercer.

Su frase de cabecera es: "Una idea puede cambiar el mundo. Tu mundo (del fútbol) puede cambiar por una idea".

Vive en Necochea, la mejor playa argentina.

Contacto para conferencias, seminarios, asesorías o coaching
Email: german.ideavip@gmail.com

Web y redes sociales
Web: germancastaños.com.ar / innovafutbol.com.ar
Twitter: @germancastanos / @innovafutbol
Facebook: germancastañosOK
LinkedIn: Germán Castaños